电子商务人才培养系列教材·服务岗位群

移动商务基础

主　编　陈晓君　郭长慧
副主编　叶玉曼　李　艳　苏　闽　杨建曾
参　编　李　蕊　代朋朋　刘春青　徐林海

电子工业出版社
Publishing House of Electronics Industry
北京·BEIJING

内容简介

本书坚持立德树人，传授基础知识与培养专业技能并重，强化学生职业素养养成和专业技术积累，采用项目任务式设计，选取典型案例，注重理实一体，丰富教学资源，创新教材形态。

本书特点如下：案例主导、学以致用，从企业经营的视角，呈现全面的移动电商运营活动，帮助学生构建系统的移动电商运营思维；在书中贯彻行业标准，结合市场需求，突出实用性、实践性、实战性特点指导学生进行综合实训；基于书本、拓于网络的立体化实训环境，通过多个平台展示实训作品，借助网络进行实践，接受市场检验。

本书可以作为移动商务、网络营销、电子商务、互联网运营相关专业用书，也可以作为移动商务培训用书，同时适合移动商务从业人员和广大职业院校师生使用。

未经许可，不得以任何方式复制或抄袭本书之部分或全部内容。
版权所有，侵权必究。

图书在版编目（CIP）数据

移动商务基础 / 陈晓君，郭长慧主编．—北京：电子工业出版社，2023.12
ISBN 978-7-121-46920-6

Ⅰ．①移… Ⅱ．①陈… ②郭… Ⅲ．①移动电子商务—研究 Ⅳ．① F713.36

中国国家版本馆 CIP 数据核字（2023）第 245976 号

责任编辑：罗美娜
印　　刷：河北虎彩印刷有限公司
装　　订：河北虎彩印刷有限公司
出版发行：电子工业出版社
　　　　　北京市海淀区万寿路 173 信箱　　邮编：100036
开　　本：880×1230　1/16　印张：12.75　字数：271 千字
版　　次：2023 年 12 月第 1 版
印　　次：2025 年 8 月第 5 次印刷
定　　价：49.80 元

凡所购买电子工业出版社图书有缺损问题，请向购买书店调换。若书店售缺，请与本社发行部联系，联系及邮购电话：（010）88254888，88258888。
质量投诉请发邮件至 zlts@phei.com.cn，盗版侵权举报请发邮件至 dbqq@phei.com.cn。
本书咨询联系方式：（010）88254617，luomn@phei.com.cn。

前　言
FOREWORD

本书全面贯彻党的教育方针和党的二十大精神，落实立德树人根本任务，践行社会主义核心价值观铸魂育人，坚定理想信念、政治认同、家国情怀、四个自信，为中国式现代化全面推进中华民族伟大复兴而培育技能型人才。

随着科技的发展，移动商务、网络直播等新应用、新业态不断涌现。教育部发布的《关于职业院校专业人才培养方案制订与实施工作的指导意见》提出："健全教材选用制度，选用体现新技术、新工艺、新规范等的高质量教材，引入典型生产案例。"可以看出，加强职业教育教材建设，是推动课堂教学改革，提升课堂教学质量的重要保障。

本书编写团队通过调研分析论证，深入了解移动商务现状及典型职业活动、岗位要求；以培养高素质移动商务技能人才为目标，优化移动商务知识点和技能点，致力于打造一本培养学生移动营销理念、锻炼学生移动营销实操能力、提升学生团队合作意识和创新意识的综合用书。

本书坚持立德树人，传授基础知识与培养专业技能并重，强化学生职业素养养成和专业技术积累，采用项目任务式设计，选取典型案例，注重理实一体，丰富教学资源，创新教材形态。

本书由淄博信息工程学校陈晓君、郭长慧、李艳、苏闽、北京昌平职业学校叶玉曼、山东商务职业学院杨建曾、章丘中等职业学校李蕊、山东省淄博市工业学校代朋朋、广州市番禺区职业技术学校刘春青共同编写，全书由陈晓君、郭长慧、徐林海负责统稿、审核。

本书的特点如下。

1. 案例主导、学以致用，从企业经营的视角，呈现全面的移动电商运营活动，帮助学生构建系统的移动电商运营思维。

2. 在书中贯彻行业标准，结合市场需求，突出实用性、实践性、实战性特点指导学生进行综合实训。

3. 基于书本、拓于网络的立体化实训环境，通过多个平台展示实训作品，借助网络进行实践，接受市场检验。

为了方便教师教学，本书配备了数字化教学资源包，包括 PPT 课件、教案等，教师可登录华信教育资源网，注册并免费下载使用。

本书在编写过程中借鉴了国内外部分移动商务方面的知识及网上资料，在此对所有作者表示深深的谢意！尽管我们在编写过程中力求准确、完善，但限于阅历和水平，书中难免有疏漏之处，恳请各位专家和广大读者批评指正！

编　者

2023 年 9 月

目 录
CONTENTS

项目一　走进移动商务 1
项目描述 1
案例导入 2
任务一　初识移动商务 3
任务二　移动商务的分类 7
任务三　移动商务的发展现状 16
学以致用 23
知识拓展 26

项目二　移动商务技术 28
项目描述 28
案例导入 29
任务一　认识移动终端设备 30
任务二　移动操作系统 32
任务三　二维码技术、NFC 技术与蓝牙技术 38
任务四　基于位置服务技术 50
任务五　云计算、大数据与物联网技术 57
学以致用 68
知识拓展 71

项目三　移动商务 App 73
项目描述 73
案例导入 74
任务一　移动商务 App 概述 74
任务二　移动商务 App 产品的规划与推广 78

  任务三 移动商务 App 的营销策略 ……………………………………………… 82
  学以致用 …………………………………………………………………………… 86
  知识拓展 …………………………………………………………………………… 88

项目四 移动商务经营模式 …………………………………………………………… 89

  项目描述 …………………………………………………………………………… 89
  案例导入 …………………………………………………………………………… 90
  任务一 平台模式 ……………………………………………………………… 91
  任务二 O2O 模式 ……………………………………………………………… 97
  任务三 C2B 模式 ……………………………………………………………… 103
  任务四 移动商务创新模式 ……………………………………………………… 108
  学以致用 …………………………………………………………………………… 115
  知识拓展 …………………………………………………………………………… 118

项目五 移动营销 …………………………………………………………………………… 120

  项目描述 …………………………………………………………………………… 120
  案例导入 …………………………………………………………………………… 121
  任务一 移动营销概述 …………………………………………………………… 122
  任务二 移动营销的运行模式 …………………………………………………… 124
  任务三 移动营销的策略 ………………………………………………………… 127
  任务四 二维码营销 ……………………………………………………………… 131
  任务五 微信营销 ………………………………………………………………… 137
  学以致用 …………………………………………………………………………… 143
  知识拓展 …………………………………………………………………………… 145

项目六 移动支付 …………………………………………………………………………… 147

  项目描述 …………………………………………………………………………… 147
  案例导入 …………………………………………………………………………… 148
  任务一 移动支付概述 …………………………………………………………… 148
  任务二 手机银行 ………………………………………………………………… 157
  任务三 第三方支付 ……………………………………………………………… 162
  学以致用 …………………………………………………………………………… 170
  知识拓展 …………………………………………………………………………… 174

项目七　移动商务的安全知识 178

项目描述 178

案例导入 179

任务一　移动商务的安全需求 180

任务二　移动商务的安全技术 185

学以致用 192

知识拓展 194

项目一 走进移动商务

项目描述

随着互联网技术的不断进步、国家政策环境的优化、智能手机等移动终端设备的普及,移动商务的建设与发展成为新兴电子商务的潮流和趋势。移动商务因其覆盖面广、服务项目多,且能够满足用户的消费需求,支持用户根据个人喜好进行个性化设定,从而促进了电子商务的个性化发展。本项目旨在梳理移动商务的概念、类型、发展现状及发展趋势。

【学习目标】

素质目标

1. 树立数字经济和实体经济深度融合的理念,推动形成良好的网络生态;
2. 发扬精益求精的工匠精神,努力为建设网络强国、数字中国做出新贡献;
3. 具备与时俱进、紧跟时代潮流的新时代商务人才素养;
4. 遵循自愿、平等、公平、诚信的原则,遵守法律和商业道德。

知识目标

1. 了解移动商务的概念;
2. 掌握电子商务的概念;
3. 掌握移动商务的特点;
4. 熟悉移动商务与电子商务的区别;

5. 掌握移动商务的分类标准及具体内容；
6. 熟悉移动商务的发展现状；
7. 了解移动商务存在的问题；
8. 熟悉移动商务未来的发展趋势；
9. 掌握移动商务的应用领域。

能力目标

1. 能够总结当前移动商务的应用领域；
2. 能够针对移动商务的特点进行类别划分；
3. 能够针对移动商务的实践类型，分析具体移动商务盈利的特点；
4. 能够结合移动商务的现状，分析其优势和劣势；
5. 能够探索移动商务应用的新领域。

案例导入

随着移动商务的迅猛发展，移动端的购物群体不断增加，根据中国电子商务研究中心监测的数据，移动端在零售网络市场交易规模中的占比连续5年呈上升趋势。网络购物移动端化的进程不断加快。

小张在淘宝网开了一家文创产品店，经过不断的积累，拥有了固定的用户群体和良好的用户口碑。小张想在移动商务领域大干一场，但是他自己擅长的领域是电脑端，对移动端的业务情况了解很少。此时，他想到了同学小王，小王在一家旅游电商公司负责移动端的业务，虽然行业不同，但是凭借多年的市场经验和成功案例，一定能给自己一些启发和思考。

在请教的过程中，小王向小张提出了几个问题，让他回去思考：你想要卖什么样的产品（What）？想卖给什么样的人（Who）？准备如何开展业务（How）？如何进行店铺开发、移动推广、客户管理和订单管理？怎么区分电脑端和移动端店铺的日常运营管理？

【案例思考】

如果你是小张，你该如何回答这些问题呢？

项目一　走进移动商务

任务一　初识移动商务

任务描述

伴随着移动技术的快速发展，移动商务对企业的作用越来越大，移动商务也越来越受到企业的重视，同时移动商务还表现出了极强的生命力和广阔的发展前景。开展移动商务，首先必须明确移动商务的概念，了解移动商务的特点，对移动商务产生基本认知。

任务实施

一、移动商务的概念

当下，电子商务给生产、消费及人们的生活带来了深刻的影响，成为信息化、网络化、市场化、国际化形势下重要的资源配置途径，引领经济社会不断向前发展。随着智能终端的广泛普及，在云计算、物联网、移动通信带来的新一轮信息技术革命浪潮的推动下，零售行业与高新技术的交汇、融合掀起了新一轮的商业革命。

移动商务（Mobile Business，MB）是电子商务的一个分支，移动商务是指通过无线通信来进行的网上商务活动。移动商务可高效地与用户接触，允许他们即时访问关键的商业信息和进行各种形式的通信。市场主流的移动商务软件有协达软件、用友、金蝶软件等，移动商务主要的功能包括移动电商营销、移动商务管理等。

电子商务以电脑为主要界面，是有线的电子商务；移动商务则依托智能手机、平板电脑等这些可以随身携带的移动终端设备，通过移动通信网络、移动通信技术、短距离通信技术及其他信息处理技术完美的结合，高效地与用户接触，无论何时何地都允许用户即时访问关键的商业信息，进行各种形式的通信和商务活动，它将影响21世纪新企业的风貌，也将改变生活与旧商业的地形地貌。

移动商务（见图1-1）是在创新技术的推动下产生和形成的，是一种创新的、便捷的、大众化的能够使移动商务主体在移动中进行，并适应市场发展与变化而出现的新商务模式。它将原有的电子商务的特点和移动终端设备的优势相结合，为用户和企业提供了便利、快捷的服务，具有广阔的发展空间。

图 1-1　移动商务

二、移动商务的特点

（一）不受时空、地域控制

移动商务的优势是移动用户可随时随地获取所需的服务、应用、信息和娱乐。用户可以在自己方便的时候，使用智能手机或 PDA（Personal Digital Assistant，掌上电脑）搜索及选购产品，提供便携支付、股票交易、网络拍卖、收发电子邮件和其他服务。

（二）开放性、包容性

移动商务与传统商务相比，不必再依赖于有线接入互联网，它以无线化的方式接入，使得任何人都更容易进入网络世界，从而使网络范围延伸得更广阔；同时，移动商务使网络虚拟功能更带有现实性，因而更具有包容性。

（三）潜在用户规模大

目前，我国的移动电话用户数量是全球之最。从电脑和移动电话的普及程度来看，移动电话远远超过了电脑。而从用户群体来看，移动电话用户中基本包含了消费能力强的中高端用户，而传统的有线上网用户中则缺乏具备支付能力的年轻人群体。

（四）易于推广和使用

移动通信所具有的灵活、便捷的特点，决定了其更适合大众化的个人消费领域，易于推广和使用。比如自动支付系统，包括自动售货机、停车场计时器等；半自动支付系统，包括商店的收银柜机、出租车计费器等；日常费用收缴系统，包括对水、电、天然气等的费用收缴。

（五）安全可靠

使用手机银行业务的用户可更换为大容量的 SIM 卡，使用银行可靠的密钥对信息进行加密，传输过程全部使用密文，以确保交易和支付等商务行为的安全可靠。

（六）定制化服务

由于每个移动终端设备都有唯一的 SIM 卡，这种移动终端设备与用户的对应关系使服务提供商可以很方便地通过移动终端设备收集用户信息，实现为用户提供个性化定制服务的目的。商家通过收集用户的以往数据，包括移动数据、交易偏好等，采用数据分析与数据挖掘工具，帮助用户发现自己的爱好，迎合用户的喜好、购买习惯等，从而进行更细致的供应，为用户提供定制化的精准服务。

（七）位置相关性

基于位置的服务（Location Based Service，LBS）是移动商务的特色，移动终端设备安装的全球定位系统（Global Position System，GPS）可以帮助服务提供商更准确地识别用户所在的位置，从而向用户提供与其位置相关的信息，如附近的旅游景点、酒店、旅馆等。GPS 结合地理信息系统（Geographic Information System，GIS），还可以帮助人们更快、更准确地找到需要帮助的人。如紧急医疗事故救援服务、汽车驾驶导航服务、旅游向导服务等。

三、移动商务与电子商务的区别

随着互联网的普及，人们的生活中出现了许多电子商务的应用形式，特别是信息搜索和大数据技术，降低了信息不对称程度，使产品生产者与用户有更多的机会进行接触，从而给传统商务活动带来了很大冲击。无线通信技术的发展，为电子商务向移动商务发展提供了更大的空间，两者在技术特性与服务特性上存在明显的区别。

（一）技术特性的区别

1. 网络基础设施不同

电子商务的主要设备是对电脑与互联网的连接运用；移动商务是对智能手机、个人数字助理及笔记本电脑等移动终端设备结合的无线通信技术的运用。相比有线互联网的高带宽、低成本，无线通信在带宽方面受到无线电频谱的限制，带宽有限且成本较高。但是无线通信除移动性之外还有一个独特的功能：地理定位。地理定位功能使得移动商务具有基于位置的服务等独特的应用内容。

2. 应用平台不同

移动商务环境下的应用平台开发比电子商务环境下的应用平台开发更为便捷。在开展电子商务时,需要通过第三方支付等机制解决支付的问题。移动商务通信则主要由市场化的企业所运营,技术上很容易实现内置的用户支付机制,从一开始就解决了支付的问题。

3. 终端设备不同

电子商务应用的兴起是由于个人计算机的普及,个人计算机具有屏幕大、标准输入键盘、内存大、处理能力较强的优点,基本不用考虑电池的续航能力问题。而移动通信设备则存在屏幕小、输入不方便、网络速度慢等弱点,而且存在电池的续航能力问题,因此不适合复杂的应用。

(二)服务特性的区别

1. 用户群体不同

移动商务与电子商务的用户群体差异较大,而且移动商务的潜在用户群体远远大于电子商务。大部分电子商务用户具有一定的计算机基础知识,而移动商务用户分布不均匀,文化差异较大,部分用户可能对计算机和网络知之甚少,这使企业在进行市场细分和开发各种应用时必须十分慎重。

2. 时间相关性不同

电子商务和移动商务在对待时间的方式上也大不相同。电子商务的目的是摆脱有形的商店的时间限制,而移动商务的部分应用可以缓解时间紧迫等问题,如移动商务可满足医疗救护、外卖点餐及用户临时决定购买等需求。

任务评价

单位:分

类别	序号	考核内容及要求	分值	学生自评分数	教师评价分数
任务内容	1	移动商务的概念	10		
	2	电子商务的概念	10		
	3	移动商务的特点	20		
	4	移动商务与电子商务的区别	20		
学习态度	1	创新意识	10		
	2	团队协作	10		
	3	积极完成任务	20		

任务二　移动商务的分类

任务描述

移动商务是移动通信技术和电子商务技术相互结合的产物，是电子商务主要的发展趋势之一。通过本任务的学习，我们将了解移动商务的分类，这样有助于我们不断创新移动商务业务，创造营销价值。

任务实施

移动商务的分类一般根据移动商务的经营模式来划分，也常常根据应用类型、服务类型、业务类型和应用终端来分类。

一、按经营模式分类

移动商务是电子商务在移动互联网时代的延伸，传统的电子商务经营模式完全适用于移动商务，因此移动商务按经营模式分类时基本与电子商务的分类相同，可以分为以下几类。

（一）B2C 移动商务

B2C（Business to Consumer）移动商务即企业与用户之间的移动商务。它类似于联机服务中进行的产品买卖，是利用计算机网络使用户直接参与经济活动的高级形式。这种形式基本等同于电子化的零售，它随着万维网（WWW）的出现迅速发展起来。目前，互联网上存在着各种类型的商业中心，它们可以提供从鲜花、书籍到计算机、汽车等各种产品和服务。京东商城、唯品会、亚马逊都是典型的 B2C 移动商务平台。此外，企业可通过移动门户直接向用户提供个性化和本地化的信息服务。例如，大众点评网可提供基于位置的信息，如与用户的当前位置直接相关的宾馆预订、加油站查询等。B2C 移动商务的类型如表 1-1 所示。

表 1-1　B2C 移动商务的类型

B2C 移动商务的类型	典 型 代 表
第三方平台式	天猫商城 App
第三方自营式	京东商城 App
厂商自建式	小米商城 App

（二）B2B 移动商务

B2B（Business to Business）移动商务即企业与企业之间的移动商务，包括非特定企业间的移动商务和特定企业间的移动商务。非特定企业间的移动商务是在开放的网络中为每笔交易寻找最佳伙伴，与伙伴进行从订购到结算的全部交易行为。这里，虽说是非特定企业，但由于加入该网络的只限于需要这些产品的企业，可以设想是限于某一行业的企业。不过，它不以持续交易为前提，不同于特定企业间的移动商务。特定企业间的移动商务是指在过去一直有交易关系或今后一定会继续进行交易的企业间，为了经济利益，共同进行的设计、开发或全面进行市场及库存管理而进行的商务交易。企业可以使用网络向供应商订货、接收发票和付款。B2B 移动商务在这方面已经有了多年的运作历史，特别是在专用网络或增值网络上进行电子数据交换。图 1-2 所示为阿里巴巴 App 首页，阿里巴巴就是典型的 B2B 移动商务平台。

图 1-2　阿里巴巴 App 首页

（三）C2C 移动商务

C2C（Consumer to Consumer）移动商务即用户与用户之间的移动商务。它是指用户之间通过移动网上的商务平台实现交易的一种移动商务模式。现行的商务模式不能提供便利的方式让用户出售其所持有的产品，利用互联网就可以很好地解决该问题。产品持有者发布产品信息，产品需求者对其所需要的产品进行搜索、对比，最终选择合适的卖家成交。典型的 C2C 移动商务平台——手机淘宝网，其首页如图 1-3 所示。

图 1-3　手机淘宝网首页

C2C 移动商务模式近年来正在发生一些变化，一部分厂商也开始利用这种系统在互联网上销售产品和服务，将 B2C 和 C2C 逐步地融合在一起，形成了新的 B2C2C 或 B2B2C 移动商务模式。

（四）O2O 移动商务

现阶段移动商务逐渐向线下扩展，出现了线上线下融合的趋势，由此产生了新的移动商务模式——O2O（Online to Offline）模式。图 1-4 所示为美团外卖平台首页，美团就是将线下移动商务机会与互联网结合在一起的 O2O 移动商务平台，可满足用户线上订购、线下消费的需求，这一移动商务模式使互联网成为线下的交易平台，将线上的用户带到现实的店铺中。O2O 作为一种新兴的商业模式，正在改变移动商务的业态和格局。对商家来说，

O2O 移动商务降低了商家的运营成本，扩大了产品销售的客源；对用户来说，O2O 移动商务可以提供更加丰富、全面、及时的产品信息，有利于用户方便快捷地选择和订购产品或服务；对于 O2O 移动商务平台的商家来说，该模式可以带来大量高黏度的用户，提高平台的影响力。随着移动商务和二维码等新技术的普及，O2O 移动商务的市场规模将进一步扩大。

图 1-4　美团外卖平台首页

（五）C2B 移动商务

C2B（Consumer to Business）移动商务模式是互联网经济时代新的商业模式。这一模式改变了原有生产者（企业和机构）与用户的关系，与我们熟知的供需模式（Demand Supply Model，DSM）恰恰相反，真正的 C2B 模式应该先由用户产生需求而后由企业生产，即先由用户提出需求，后由生产企业按需求组织生产。通常情况为用户根据自身需求定制产品和价格，或主动参与产品设计、生产和定价，产品、价格等彰显用户的个性化需求，生产企业进行定制化生产。例如，阿里巴巴掌握美的、九阳、苏泊尔等 10 个品牌的 12 条生产线，运用 C2B 模式，专为天猫特供小家电，阿里巴巴通过所掌握的交易数据及分析成果，去指导这些生产线的研发、设计、生产、定价。定制用户最需要的产品，利用自身的电商平台来打通 O2O 模式，天猫 C2B 模式的思路是根据天猫多年来积累的消费数据，从价格分布、关键属性、流量、成交量、用户评价等维度来建模，从而挖掘出产品的功能卖点、主流价格段分布、用户需求、增值卖点，以此来指导生产企业的研发、设计、生产。

二、按应用类型分类

按应用类型可将移动商务分为社交应用类、情景应用类和交易撮合应用类。

（一）社交应用类

社交应用类移动商务通常以现实社会关系为基础，模拟或重建现实社会的人际关系网络。通过社交网络服务，人们可以实现个人数据处理、社会关系管理、信息分享、知识共享，可以利用信任关系扩展社会网络，以达成更有价值的沟通和协作。社交应用类移动商务则是在此基础上发展起来的一种基于无线应用的社交网络，也被称为移动社区服务，它有效地结合了社交网络的特点和移动网络移动化、个性化的特点，能为用户提供跨越电脑、互联网和智能手机平台的全新社交体验。

（二）情景应用类

情景应用类移动商务是指通过传感器采集/感知被服务对象的情景信息，根据情景信息分析、判断被服务对象当前的状况，通过情景感知提示来发现与提供对应的业务信息。其目的是根据被服务对象的情景信息，自动判断被服务对象当前所需的服务并予以提供。

（三）交易撮合应用类

根据移动通信网络个性化服务的特征，进行精准广告推送是目前较为流行的一种交易撮合模式。

三、按服务类型分类

按服务类型，移动商务一般分为推式服务、拉式服务和交互式服务 3 种。

（一）推式服务

移动商务的推式（Push）服务是根据特定用户的习惯、兴趣、爱好、风俗、专业背景等信息，向用户推送其所需要的个性化服务。

（二）拉式服务

移动商务的拉式（Pull）服务是一种被动的服务，用户根据商家在移动商务 App 或移动 Web 网站上发布的信息，自主选择所需要的服务。比如用户用手机浏览或搜索京东商城 App，对产品或服务进行比较后购买。

（三）交互式服务

移动商务最常用的服务方式是交互式服务。交互式服务是介于推式服务和拉式服务之间的一种服务，也就是说商家可以为用户推送个性化信息，用户也可以在商家的移动商务App或移动Web网站中自主选择服务。

四、按业务类型分类

从运营者视角以业务的提供是否涉及产品所有权转移为依据，移动商务分为交易类业务和安全认证类业务。

（一）交易类业务

通过交易类业务，用户可以获得实物产品、数字产品或服务，交易过程涉及买卖双方或多方的交易主体，交易的触发因商务模式的不同而有所区别。根据交易产品性质的不同，各种交易类业务可以细分为以下5种类别：实物产品交易类、数字产品交易类、信息服务交易类、金融服务交易类、积分交易类。目前开展的移动商务业务中，金融类业务开展得比较早，已开展的业务有手机银行和手机证券；在票据类业务上，开展了手机彩票业务；对于购物类业务，目前开展了商店购物、第三方支付和自动贩卖机等。

（二）安全认证类业务

安全认证类业务对商务活动起支持作用，用于维护商务交易中的信任关系，它是商务活动中不可或缺的重要环节。安全认证类业务对用户提供的是服务性产品，而不是直接的产品；在交易过程中存在信息流而不存在物流和资金流。

五、按应用终端分类

按应用终端可以分为智能手机移动商务、平板电脑移动商务、PDA智能终端移动商务、车载智能终端移动商务、可穿戴设备移动商务。

（一）智能手机移动商务

智能手机保有量越来越大，智能手机移动商务已成为当前移动商务的主流。智能手机（Smartphone）像个人计算机一样，具有独立的操作系统，可以由用户自行安装软件（如游戏软件等第三方服务商提供的程序），安装此类程序可以不断对智能手机的功能进行扩充，并可以通过移动通信网络实现无线网络接入智能手机。手机已从功能性手机发展到安装了以Android、iOS系统为代表的智能手机时代，是可以在较广范围内使用的便携式移动智能终端。如图 1-5 所示，智能手机移动商务应用领域包括移动电子交易、移动金融服务、移动商务洽谈等。

图 1-5　智能手机移动商务

（二）平板电脑移动商务

使用平板电脑（Tablet Personal Computer，简称 Tablet PC，又称 Flat PC、Tablet、Slates）进行的移动商务活动即平板电脑移动商务（见图 1-6）。平板电脑是一种小型的、方便携带的个人电脑，以触摸屏作为基本的输入设备。平板电脑具有屏幕大的优势，在很多场合下使用平板电脑更方便。它拥有的触摸屏（也称为数位板技术）允许用户通过触控笔或数字笔来进行输入或点选。用户可以通过内置的手写识别、屏幕上的软键盘、语音识别进行信息输入。支持来自英特尔、AMD（Advanced Micro Devices）和 ARM（Advanced RISC Machines）的芯片架构，从微软提出的平板电脑概念产品上来看，平板电脑就是一款无须翻盖、没有键盘、体积小巧、方便携带、功能完善的个人计算机。平板电脑移动商务与手机移动商务应用领域类似。

图 1-6　平板电脑移动商务

（三）PDA 智能终端移动商务

PDA 可以满足我们在移动中工作、学习、娱乐等的需求。按使用场景来分类，PDA 分为工业级 PDA 和消费品 PDA。工业级 PDA 主要应用在工业领域，常见的有条码扫描器、RFID（射频识别技术）读写器、POS 机等。工业级 PDA 内置高性能进口激光扫描引擎、高速 CPU 处理器、WinCE 5.0/Android 操作系统，具备超级防水、防摔及抗压能力，广泛用于支持 BT/GPRS/3G/Wi-Fi 等无线网络通信。PDA 智能终端移动商务主要应用于鞋服、快消、速递、零售连锁、仓储、移动医疗等多个行业领域，图 1-7 所示为 PDA 智能终端在仓储领域的应用。

图 1-7　PDA 智能终端在仓储领域的应用

（四）车载智能终端移动商务

车载智能终端，具备 GPS 定位、车辆导航、采集和诊断故障信息等功能，在新一代汽车中得到了大量应用，能对车辆进行现代化管理。如图 1-8 所示，车载智能终端移动商务主要应用于智能货物跟踪、智能无人驾驶等领域。

图 1-8　车载智能终端移动商务

（五）可穿戴设备移动商务

越来越多的科技公司开始大力开发智能眼镜、智能手表、智能手环、智能戒指等可穿戴设备产品。智能终端开始与时尚挂钩，人们的需求不再局限于可携带，更追求可穿戴，手表、戒指、眼镜等都有可能成为智能终端。如图1-9所示，可穿戴设备移动商务主要应用于医疗、健康等领域。

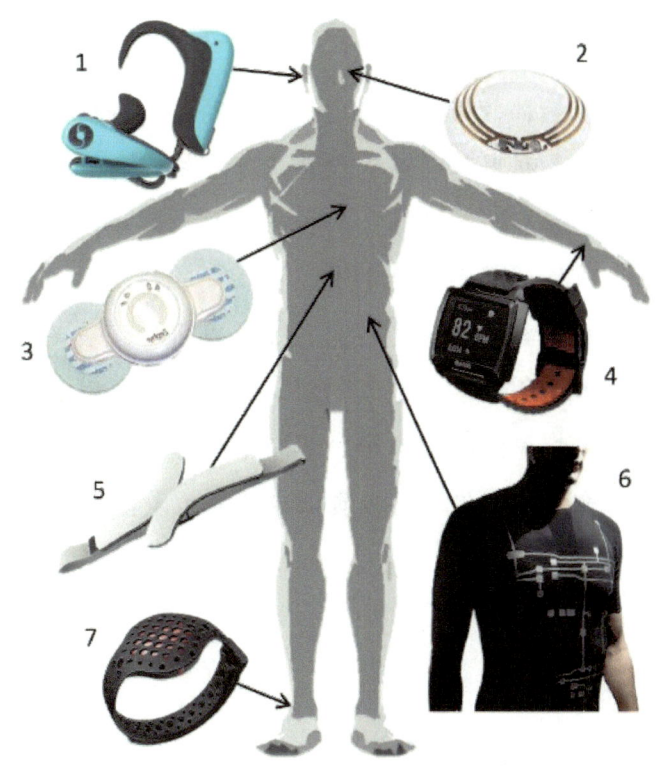

图1-9　可穿戴设备移动商务

任务评价

单位：分

类　别	序　号	考核内容及要求	分　值	学生自评分数	教师评价分数
任务内容	1	按经营模式分类	20		
	2	按应用类型分类	10		
	3	按服务类型分类	10		
	4	按业务类型分类	10		
	5	按应用终端分类	10		
学习态度	1	创新意识	10		
	2	团队协作	10		
	3	积极完成任务	20		

移动商务基础

任务三　移动商务的发展现状

任务描述

人们对移动终端设备依赖性的提升，促进了电子商务软件的开发利用，移动商务作为新兴的电子商务模式，主要是利用移动终端设备进行在线交易等活动为企业和用户提供便利的商务渠道。移动商务将原有的电子商务的特点和移动终端设备的优势相结合，具有广阔的发展空间；同时，我国移动商务还处于发展阶段，在移动网络和设备限制、法律法规完善等方面需要相关人员进行更加深入的研究，分析现状和发展趋势，总结移动商务在各个行业领域的应用。通过本任务的学习，我们应认识到我国移动商务正处于发展阶段，学生需更加努力学习科学文化知识，打破束缚，不断提升移动商务硬件水平、创新移动商务应用、创造移动商务应用价值，为祖国富强贡献自己的力量。

任务实施

一、移动商务的现状与趋势

（一）移动商务的现状

1. 用户规模快速增长

近年来，中国网民使用的上网终端呈现向移动端集中的趋势，截至 2014 年 6 月，使用手机上网的人群占有率达 83.4%，首次超越使用传统电脑上网的人群占有率（后者为80.9%）。此后，手机作为第一大上网终端的地位逐年巩固。手机网络购物用户规模呈爆发式增长，经历两轮快速发展期：第一阶段是 2011—2018 年，主要由淘宝"双十一"、京东"6.18"等年度优惠活动驱动；第二阶段是 2018—2020 年，由直播、社群团购、小程序等新型购物模式引爆消费需求。截至 2021 年 12 月，中国在智能手机用户方面遥遥领先于其他国家，中国市场拥有超过 9.54 亿名智能手机用户，比位于第二至第四名的印度（4.93 亿名）、美国（2.74 亿名）和印度尼西亚（1.7 亿名）的总和还要大。

2. 市场规模逐步扩大

电商已经成为主流的商业模式，其中移动端是电商平台发展的重要渠道。艾媒咨询调研数据如图 1-10 所示，中国移动电商市场交易额呈现增长趋势，随着近年来直播电商市场的爆发，移动电商交易规模继续升级。2021 年是我国在数字化转型中极为重要的一年，据艾媒咨询调研数据，2021 年全国网上零售额超越传统线下零售额，在整个零售市场的占比超过 52%。直播电商市场的高速发展带动了移动电商市场交易规模的扩大，传统电商巨头纷纷布局移动电商，众多新型移动电商购物平台不断涌现。我国进入移动互联网新零售商业模式时代。

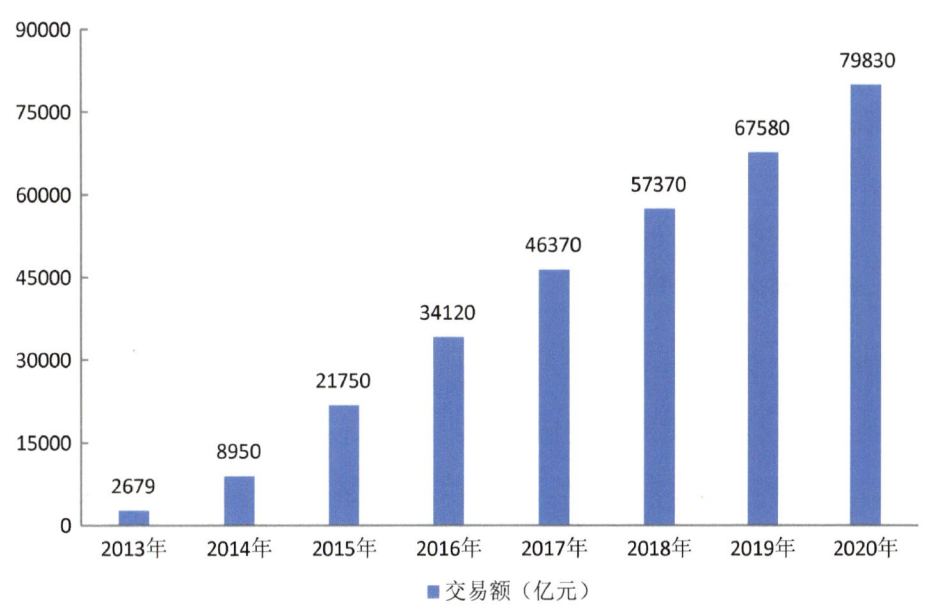

图 1-10　2013—2020 年中国移动电商市场交易额

（资料来源：艾媒咨询）

3. 移动技术快速发展

移动技术推动了移动商务的发展，同时移动商务的发展对移动技术也有着越来越高的要求。二维码及图像识别技术大大方便了用户和商家之间的联系，在社交和支付方面已经有了广泛的应用；快捷安全支付是移动商务发展中的重要环节，目前，许多社交软件都加入了支付和转账的功能，使得用户支付不再依赖传统的银行等金融机构；先进的大数据分析技术分析用户行为、改善用户体验、提高用户信任度和忠诚度；LBS 定位技术、无线信息传输技术、生物识别技术、RFID 技术等都为移动电子商务发展注入了巨大动力。

4. 用户需求个性化和多样化

随着网络的发展，在移动互联网下，用户的需求呈现出实时化、碎片化、个性化、多样化的特点，他们不再是信息的被动接受者，而是选择者和创造者。随着互联网、移动端的不断发展，更多的企业加入了发展电子商务的大军，它们把握用户的心理、提供用户感兴趣的内容并使用户保持忠诚度，充分满足用户个性化和多样化的需求。

5. 移动商务应用不断创新

移动商务在当今社会已经被越来越多的人熟知。5G 的普及，运营商手机上网包月套餐的推出，手机终端功能的提升，以及相关部门的高度重视，促进移动商务产业的高速发展，其业务范围也逐渐扩大，它涵盖了金融、娱乐、旅游和个人信息管理等领域，并在其他商务领域不断延展渗透。

（二）移动商务存在的问题

相比于传统的电子商务，移动商务可以随时随地为用户提供所需的信息、应用和服务，同时满足用户及商家安全、社交及自我实现的需求，其优势明显。但是，移动商务的发展体系并不完善，仍然面临许多问题，如移动网络安全问题、移动支付机制问题、移动商务技术支持问题、移动商务法律问题等。

1. 移动网络安全问题

安全性是影响移动商务发展的关键问题。移动商务虽然经过多年发展，但是其通过移动终端设备上网的特性决定了它存在着和普通电子商务不同的安全性。由于目前产生移动支付行为是基于移动终端设备上绑定的银行卡、信用卡来完成的，或者是基于手机 SIM 卡与 POS 机近距离接触完成的，如果遇到丢失移动终端设备或密码被破解、信息被复制、病毒感染等安全问题，就有可能给移动支付造成重大的损失。另外，移动商务平台运营管理漏洞也是对移动商务安全产生威胁的一个方面。如今用于上网的移动终端设备主要有笔记本电脑、智能手机、掌上电脑等，保障这些移动终端设备本身的安全，以及在使用这些移动终端设备时遵循安全操作规范，是保障移动商务安全的一个前提。

2. 移动支付机制问题

随着 5G 网络建设、物联网技术应用、智能终端普及等基础设施的不断完善，移动支付已经成为电子支付方式的主流发展方向和市场竞争焦点，但也存在支付机制的问题。在支付公司方面，虽然已经基本解决了传统的支付安全问题、支付费用问题等，但是近年来支付公司增多，使得部分支付公司的盈利状况下滑，有的支付公司连基本的生存都成问题；在银行方面，飞速发展的互联网彻底颠覆了银行对持卡用户的传统服务思维，使之变得更加电子化、便捷化和个性化。

网银打开了银行的电子通道，使得银行的电子通道越来越宽泛，但是这些电子通道的承载能力、安全保障、产品易用性、资费定价方式等需要大幅优化,只有这样才能满足用户急速膨胀的消费需求。另外,各大银行的支行为了吸收存款或获得其他竞争性资源,近乎"无底线"地放宽接入限制、调低接入价格,良莠不齐的电商和第三方支付公司虽然产生了相当可观的交易规模,却也透支了这些电子通道的生命力,特别是其安全性得不到保障。某些公司的技术漏洞会影响使用同一类通道的所有同行,因此移动支付机制问题可能会影响整个生态环境的安危。

3. 移动商务技术支持问题

以移动通信技术为基础的移动商务,必然受到通信技术发展水平的限制。首先,无线信道资源短缺、质量不稳定,与有线信道相比,对无线频谱和功率的限制使其带宽成本较高、连接可靠性低,超出覆盖范围,信号难以接入。其次,移动终端设备性能相对低下。尽管各大厂商一直在大力提升处理器性能、屏幕质量和数据传输速度,但随着移动终端设备功能的不断强大,移动终端设备的耗电量也在增大,电池使用时间随之缩短,从而降低了移动终端设备的便携性。再次,TD终端(能够使用TD网络的用户设备)发展不足,支持移动商务的TD终端和技术的研发速度仍需加快。

4. 移动商务法律问题

我国已经制定了《中华人民共和国电子签名法》《互联网信息服务管理办法》《网上银行业务管理暂行办法》等一系列的法律法规,有效规范了电子商务的发展,但是国内还没有一部针对移动商务的法律法规。

(三)移动商务未来的发展趋势

1. 企业主导的移动商务市场

作为市场经济的主体,企业在未来的商务活动中应用移动商务成为必然。传统的商务活动将逐渐向移动化、个性化发展,移动商务能够在满足用户个性化消费需求的同时,使用户能够进行随时随地的消费,为用户和企业提供了更加便利、广阔的平台。中小型企业可以充分利用这一特点,拓宽销售渠道,提升企业竞争力,力争在市场竞争中占据一席之地。

2. 多元化的产业链

随着移动商务的不断发展,其涉及的商务产业类型也将越来越多。这些产业必将通过不断整合形成一条完整的产业链,并向着多元化方向发展。根据用户的需求,移动商务逐渐融入餐饮、服装、娱乐等多种行业,为用户提供全方位的服务。

3. 使用更具安全性

移动商务的使用要求用户必须具有移动终端设备和移动互联网。移动终端设备小巧便捷，但也十分容易丢失。一旦丢失，用户的信息安全和财产安全就会受到严重的威胁，并且移动互联网本身存在的安全问题，也会给用户的信息安全造成巨大的隐患。由于电子商务无法对信息进行直接保护，因此移动商务研发者应充分认识到用户在移动终端设备使用这一环节的安全问题。随着移动商务的进一步发展，相信相关部门也会尽快出台维护用户权益的法律法规，以保护用户的信息、财产安全。

4. 加强信息服务

随着大数据时代的到来，人们越来越注重信息的服务，移动商务在进行相关交易时，也为用户提供了信息查询服务，而信息的查询也将向着多元化方向发展，提供给用户关于天气、公交线路、游戏下载、电影场次等方面的信息，通过信息服务的增加和相关广告的植入，间接促进消费，提升用户对移动商务的认同感。

5. 优化移动终端设备

智能手机的待机时间、屏幕大小和储存空间对移动商务的发展产生了一定的影响。移动终端设备的开发也需要依据移动终端设备的变化而进行，用户需求和技术发展的相互作用，推动智能终端向着更高速运行、更智能化、更适应移动终端设备使用的方向发展，以吸引更多的用户使用。与此同时，移动服务将向纵深处发展和延伸。

二、移动商务的应用

近年来，人们对移动商务需求的提出主要基于传统业务和应用，移动商务利用先进的信息技术，改变了人们现有的生活方式，对传统应用进行了扩展与延伸。移动商务的应用范围无处不在，包罗万象，如移动办公、移动银行与移动支付、移动购物与经营、无线医疗、智慧物流、移动娱乐等。

（一）移动办公

移动办公又称为无线办公，即无论何时何地，用户都可以利用手机、掌上电脑、笔记本电脑等移动终端设备与企业的办公系统进行连接，从而将企业内部局域网扩大成为一个安全的广域网，实现移动办公。

目前，移动办公的主要实现方式如下。

（1）通过短信实现公文、电子邮件提醒。当企业办公系统内的公文、电子邮件到达时，这些内容将以标题信息或内容提要的方式通过短信直接被发送到企业员工手机上，对其进行及时的提醒。

（2）通过WAP（无线应用协议）服务浏览详细的公文、电子邮件内容。企业员工可以使用手机通过WAP界面访问企业的办公系统，进行公文、电子邮件等详细信息的浏览。

（3）通过无线局域网实现在企业内部的移动办公。企业员工不必固定在自己的工位上，他可以随时随地用笔记本电脑访问企业网络、浏览公文和电子邮件。无线局域网的主要应用领域包括工作日报、内部网络会议、项目管理、信息推送与分享等。

移动办公模式将增强企业与客户、企业与员工、企业与供应商之间的实时交互。其产生收入的商业模式是多样化的，如按时间收取无线上网费用、其他附加网络服务收费等。

（二）移动银行与移动支付

移动银行，简单地说就是以智能手机、掌上电脑等移动终端设备作为银行业务平台中的客户端来完成某些银行业务。移动银行是典型的移动商务应用，它的开通大大增强了移动通信公司及银行的竞争实力。从移动银行的应用角度来看，它的优势主要体现在以下几个方面。

（1）功能便利。

（2）使用区域广泛。

（3）安全性高。

（4）收费低廉。

（5）可以进行二次交易。

移动支付目前主要是利用智能手机实现小额支付。其实现形式包括线上购物交易支付、线下购物手机支付、收发红包支付、手机银行转账、手机购票、停车费支付、音乐下载费用支付、视频观看费用支付等。

（三）移动购物与经营

在移动互联网背景下，随着智能手机等移动终端设备的普及，移动购物与经营得到了快速发展。

从移动购物角度来看，与传统购物环境相比，在移动互联网时代，随时随地获取信息变得更加容易，不仅让用户拥有了更多的选择权，还在一定程度上改变了他们的购物习惯和方式，进而引起了购物决策过程的显著变化。移动购物用户典型的购物决策过程如下：首先，通过微信、微博等渠道接触产品信息，产生兴趣，并参考兴趣、偏好信息进行购物决策；其次，查找产品信息，其中电商网站占据重要地位；再次，进行移动支付，其中消费贷产品已经有了稳定的使用人群；最后，对购物体验进行分享。

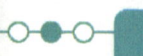

从移动经营角度来看，在移动网络购物商城开启个人商店、企业店铺或自建App购物商城，出售产品与服务，在经营初期投入、客户来源、后期运营等方面均具有较高的可行性。

人工智能、物联网、大数据、移动支付等数字技术的发展及移动互联网渗透率的提升，催化着用户行为的变迁，使得零售行业开始思考用新的商业模式和流程去适应这种改变，通过数字技术的创新应用，不断优化流程，提升用户体验，提高企业效率。随着对数字经济的政策支持力度的加强，我国零售行业及相关企业正加速数字化升级，向全场景、全渠道、智能化的零售模式转型，可以说，社会正飞速进入智慧零售时代。未来，移动互联网购物市场消费趋势将以社交化、娱乐化、"一站式消费"升级及信用消费方式呈现。

（四）无线医疗

医疗中心需要尽早掌握病人每时每刻的情况。在紧急情况下，救护车作为治疗场所，借助无线技术，在移动的情况下同医疗中心和病人家属建立快速、动态、实时的数据交换。目前，已经有很多患者是通过网络就诊的，甚至包括做手术。在无线医疗的商业模式中，病人、医生、保险公司都可以获益，也愿意为这项服务付费。这种服务在时间紧迫的情形下，可以向专业的医疗人员提供关键的医疗信息。由于医疗市场的发展空间巨大，提供这种服务的公司可以为社会创造巨大的价值。

（五）智慧物流

专业物流企业利用互联网技术，建立供应链管理电子物流系统，利用互联网技术来完成物流全过程的协调、控制和管理，达到从网络前端到最终客户端的所有中间过程服务，各种软件技术与物流服务的融合应用，为货主、第三方物流（APL）公司、运输商、个人提供可委托交易的网络。移动商务在物流企业的应用，实现了企业之间资金流、物流、信息流的无缝衔接，而且这种衔接同时具备预见功能，可以在上下游企业之间提供一种透明的可见性功能，帮助企业最大限度地控制和管理库存。目前，全面客户关系管理、商业智能、计算机电话集成、地理信息系统、全球定位系统、互联网、无线互联技术等先进的信息技术手段，以及配送优化调度、动态监控、智慧交通、仓储优化配置等物流管理技术和物流模式，推动了企业电子物流建设进程。由于企业建立了先进的、集成化的物流管理系统，因此其提供的供应链服务将更加准确、敏捷。

（六）移动娱乐

移动娱乐业务种类繁多：移动游戏、移动视频、移动音乐、移动学习等。移动娱乐业务有机会成为移动产业最大的收入来源，同时也是鼓励移动用户消耗剩余预付费通话时间的最佳手段。移动娱乐业务是运营商可提供的一项有特色的移动增值业务，也是防止客户流失的有力武器之一。以移动游戏为代表的移动娱乐业务能够为运营商、服务提供商和内容提供商带来附加业务收入。移动学习是指借助微博、课程 App 平台等让人们开展碎片化学习，特别是借助移动终端设备让人们在大自然中观看动植物，以及指导成年人即学即用地解决困难问题，如美食烹饪、学科知识、技能技巧等。

任务评价

单位：分

类　别	序　号	考核内容及要求	分　值	学生自评分数	教师评价分数
任务内容	1	移动商务的现状	10		
	2	移动商务存在的问题	10		
	3	移动商务未来的发展趋势	10		
	4	移动商务的应用	30		
学习态度	1	创新意识	10		
	2	团队协作	10		
	3	积极完成任务	20		

学以致用

一、单项选择题

1. 用户可在任何时间，任何地点进行电子商务交易和办理银行业务，包括支付。这体现的是移动商务的（　　）特点。

　　A. 方便　　　　B. 安全　　　　C. 迅速　　　　D. 灵活

2. 以下哪项不是移动商务的特点？（　　）

　　A. 潜在用户规模大　　　　B. 易于推广和使用

　　C. 统一标准服务　　　　　D. 安全可靠

3. 移动通信用户具有哪种特点？（　　）

　　A. 学历高　　　B. 范围广　　　C. 年龄大　　　D. 以女性为主

4. 以下哪一项不是移动端显示方式的特点？（　　）

　　A. 屏幕小　　　　　　　　B. 可承载的内容少

　　C. 可视效果相对差一些　　D. 内容丰富

5. 2011—2018年，我国手机网络购物用户规模呈爆发式增长的原因是（　　）。
   A. 直播 B. 购物平台优惠活动
   C. 小程序 D. 社群团购

6. 截至2021年12月，（　　）在智能手机用户方面遥遥领先于其他国家。
   A. 中国 B. 美国 C. 印度尼西亚 D. 印度

7. 以下哪项不是移动商务按照经营模式的分类？（　　）
   A. B2B 移动商务 B. B2C 移动商务
   C. B2O 移动商务 D. O2O 移动商务

8. 社交应用类、情景应用类、交易撮合应用类是按（　　）对移动商务进行的分类。
   A. 应用类型 B. 经营模式 C. 服务类型 D. 用户终端

9. 可穿戴设备移动商务主要应用于（　　）领域。
   A. 支付 B. 购物
   C. 物流 D. 医疗、健康

10. 无线信道资源短缺、TD 终端发展不足是移动电商面临的（　　）问题。
    A. 网络安全 B. 支付机制
    C. 法律 D. 技术支持

11. 工作日报、内部网络会议、项目管理是移动商务在（　　）领域的应用。
    A. 移动学习 B. 移动支付 C. 移动办公 D. 移动数据

12. 以下哪项不属于移动娱乐的具体应用？（　　）
    A. K 歌 App B. 移动游戏 App
    C. 微信转账 D. 腾讯视频 App

二、简答题

1. 移动商务的含义。
2. 移动商务与电子商务的区别。
3. 移动商务按照经营模式可以分为哪几类？
4. 移动商务的发展趋势。
5. 移动商务的应用领域包括哪些？

三、案例分析题

携程旅行网（以下简称"携程"）是我国旅游业电子商务的开拓者，自1999年成立后，短短几年内便成为一个年收入超过10亿元的大型公司。携程作为中国领先的在线旅行服务公司及业内优秀的旅游类电子商务服务商，其成功整合了高科技产业与传统旅行业，并向超过4000万名会员提供集酒店预订、机票预订、度假预订、商旅管理、特惠商家及旅游资讯于一体的全方位旅行服务，被誉为互联网和传统旅游无缝结合的旅游类电子商务服务商典范。

2010年以来，携程的发展受到了去哪儿等新兴网络旅游服务商的冲击。携程和很多企业一样，瞄准了移动商务业务，2010年发布了嵌合自家各项服务的携程应用程序客户端。和其他客户端不同的是，携程自家的客户端基本囊括了其自身的全部业务，不仅仅支持应用程序下单服务，还支持应用程序转语音客服的服务。其应用程序针对各个智能操作平台，基本做到全方位覆盖。其在iOS平台的软件装机率，已经名列前茅。

携程在移动互联网领域的布局不可谓不早。其基于移动终端设备的App在2010年10月便已经上线，在2011年年末已经有了600万名的可观用户量，并在2011年进行了多次升级，还推出了iPad版本。然而，不容否认的是，携程的App在很长时间内仅仅是网页版的移植，并没有充分利用移动终端设备的人机互动特点来进行用户体验的创新。相比七天的App终端的体验度而言，携程的客户端还有很多不足。

实际上，虽然布局移动战略较早，但携程确实没有在这个领域投入足够的精力，甚至在2011年时携程还没有一个独立编制的移动战略部门。于是，携程在移动领域及早地打下木桩却没有夯实，这给去哪儿、马蜂窝等后起之秀以可乘之机。智能终端和移动互联网大潮的到来，打破了这种信息掮客赖以生存的信息不对称局面。而携程将自身发展的业务点确定在自主旅游服务上，2015年支持全流程API对接，2018年开放平台的代订业务并覆盖携程的全业务线，新增搜索框组件、底价分销平台、小程序推广、页面定制、基础物料数据下载等功能。微信公众号"携程开放平台"致力于在线下拓展业务，例如在旅游门店、水果店、手机店等流量大的地方，如果客人也有旅游需求，店主可以为客人在携程下单。2020年以后，携程开放平台更倾向于线上分享，2011年至今，携程开放平台经历了多次迭代，业务重心也从主要支持全流程API对接模式调整为侧重全民带货。如何让携程在未来的发展过程中，借用移动通信技术发展的东风，得到更好、更快的发展是公司的发展重点。

请回答：

1. 通过了解携程的发展历程，分析移动商务发展的现状。
2. 按照服务类型，移动商务一般分为哪3种？携程目前属于哪一种类型？

知识拓展

一、支付宝产品的特点

(1) 从开始推出余额宝产品后,支付宝就不仅仅是一个支付工具、钱包了,它为用户提供了理财服务。

(2) 当支付宝开通缴纳水电费、煤气费、信用卡还款等功能时,它的目标就和"钱包"无关了。

(3) 支付宝连接用户和商家、连接用户和服务并没有引起大家的反感,归根结底是因为"利用支付宝还信用卡、缴纳水电费比以往更方便了",其为用户带来了便利。从反面理解,就是这些场景在原先生活中都是"痛点"——没有被互联网解决的"痛点"。

(4) "改善人们日常生活""提供小额理财服务"这不是"工具属性"的支付宝应该做的,只能理解是其提供的一系列服务。

二、微信支付产品的特点

(1) 当支付宝构建人与人的连接,期望更好地满足人们之间互相转账、支付的需求时就遇到了问题:社交关系相对敏感,并且腾讯实在太过强大。更为致命的是,微信借助社交优势已经完全满足了人与人之间的支付需求。

(2) 如果作为通信工具的微信没有涉足支付业务,支付宝切入社交中的支付场景不会有太大的阻力,可能还会成为创举。

(3) 微信支付是由微信社交关系链延伸出来的功能,它最开始起于"用户之间相互转账的社交需求"。微信支付并不满足于工具属性,其提供的理财通、连接用户与服务、连接用户与商家等服务也在延续支付宝的路线:大家都不满足于工具,而期望为用户提供一系列的生活服务。

(4) 微信支付如果想要完善更多的支付场景、生活服务,就不应一直依托于微信,应该独立;微信如果一味依托社交关系,那就很难让人们突破对品牌的认知,后续一系列的金融服务都会受到局限。

单就金融服务而言,支付宝品牌优势要强于微信支付。

两者的主要差别在定位上,不考虑淘宝、京东购物,用户更习惯把微信里的钱花出去,而把支付宝里的钱存起来。而定位上的差别又是如何形成的呢?

三、微信——线下小额支付工具

余额处理：从新年红包切入，为广大用户群体增加了账户余额，金额不大没有提现的必要，处理办法当然是花出去，不过这也限制了其在金融场景的作为。

群体认同：查询微信软件的官网可知，截至2023年5月11日，微信的用户有12.6亿人。因红包使用过余额功能的用户不在少数，对各大城市、不同年龄的用户都有很好的覆盖，微信余额成为人们心目中认同的"流通货币"（在四五线城市，很多商店只支持微信支付或微信转账，而不支持支付宝支付或转账）。

场景心智：高频带来更多的场景，很容易占据用户的第一心智。

四、支付宝——金融理财产品

用户认知：也可理解为品牌效应。人们对金融理财产品的需求是安全、可靠、有收益，用户依据内心对产品的认识来进行判断。支付宝作为独立产品，用户对其认识更清晰，更易形成品牌效应。

时间优势：余额宝入场早，让大量用户第一次愿意把自己的财产放进一个非银行互联网产品中，其高利率和极速提现使用户接受并认同。财产几乎在每个人的心目中都处于一个较高的位置，没有明显的收益和体验优势，用户为什么要放弃一个已经信任和习惯的品牌，把它挪来挪去呢？

支付宝的一系列动作都表明它很想弥补这个差别——推出蚂蚁森林、到位等一系列功能，想把自己变成高频应用；免费打印收款二维码，想提高自己的流通度。同样，微信也不愿放弃可以带来资金池和高利润的金融场景，毕竟谁都想把钱放到自己手里。

解读：更多的人把微信支付功能当作一个方便钱包，出门不用带银行卡和钱包，微信支付就可以完成日常花销的支付问题；而支付宝成立初期除"钱包"功能以外，还有储蓄、理财功能。支付宝的弱势是社交，优势是强大的第三方支付功能，支付功能板块的更新（如刷脸支付、指纹支付、免密支付功能），连银行都是望尘莫及的。当然微信支付目前也在不断强大其支付功能，以满足人们移动支付多样化的需求。

项目二 移动商务技术

项目描述

互联网、移动通信技术和其他技术的完美结合创造了移动商务。移动网络技术的不断更新、移动应用平台的日新月异,以及移动终端设备的小型化、智能化发展,使得移动商务呈现快速发展的趋势。可见,移动商务技术是移动商务发展的技术支撑。本项目主要介绍移动终端设备的概念和技术特征、移动操作系统及二维码技术、NFC(近场通信)技术、蓝牙技术、LBS(基于位置的服务)技术、云计算、大数据、物联网技术等移动商务技术。

【学习目标】

素质目标

1. 树立创新意识,理解创新是引领发展的第一动力;
2. 具备互联网思维,提升学生的数字素养;
3. 树立"科技是第一生产力"理念,坚定科技强国的信念;
4. 激发对前沿技术的学习兴趣,自觉践行科技强国的信念。

知识目标

1. 了解移动终端设备;
2. 理解移动终端设备的技术特征;
3. 了解移动操作系统;
4. 掌握二维码技术、NFC 技术与蓝牙技术;

5. 掌握 LBS（基于位置的服务）技术；
6. 了解云计算、大数据与物联网技术的概念。

能力目标

1. 能够使用各种移动终端设备；
2. 能够区分并运用几种主流的移动操作系统；
3. 能够运用二维码技术进行移动商务活动；
4. 能够运用 NFC 技术与蓝牙技术进行移动商务活动；
5. 能够运用 LBS 技术进行移动商务活动。

案例导入

周五早上七点，小王被手环叫醒。打开手机，他能迅速查询到自己昨晚的睡眠情况。七点半，他坐进车里，打开导航，从家前往单位。八点，到达公司楼下，他会在楼下的便利店购买一份早餐，扫描二维码支付。八点半，手机签到，他开始一天的工作。小王在一家旅游电商公司负责移动端业务。他利用网络了解各旅游景点的热度，了解各种类型用户的旅游偏好，有针对性地制定移动端的营销策略，向用户推荐旅游路线等。中午十一点半，小王在手机上点了一份外卖，二十分钟后，外卖员送餐上门。下午三点，小王参加了一场线上会议。五点，小王准时打卡下班。

下班后，小王拿着前一天在某社区群团购的肉、蛋、奶等，回到父母家。家门还没打开，妈妈的声音就传出来了："这手机怎么就知道我想要啥呢？这不前几天刚刚买了空气炸锅，现在购物平台首页的推荐都是空气炸锅需要用的纸盘和锡纸等产品。""可不是吗，手机还知道我去了哪里呢！上周去杭州出差，飞机一落地开机后就收到了'欢迎来杭州'的短信，打开浏览器后立马呈现当地的美食推荐和旅游资讯。这智能手机，真是智能啊！"爸爸随声附和道。

小王推门进来，说："智能时代，我们离不开手机。而且随着大数据时代的到来，手机可能比任何人都要了解我们吧！"爸爸、妈妈一齐将目光转向他："这是不是跟你的工作相关啊，你能给我们解释一下这些是怎么实现的吗？"

【案例思考】

1. 如果你是小王，你会如何为爸爸、妈妈解答疑惑？
2. 小王在自己一天的日常生活中运用了哪些移动商务技术呢？

任务一　认识移动终端设备

任务描述

移动商务以移动终端设备为中心，这充分表明了移动终端设备的重要性。要研究移动商务技术，首先必须明确什么是移动终端设备，了解移动终端设备的技术特征，对移动终端设备形成基本认知。

任务实施

一、移动终端设备

（一）移动终端设备的概念

终端设备，是指端点用户用于和主机通信的设备，处于计算机网络的最外围，主要用于用户信息的输入及处理结果的输出等。比如，计算机的显示屏、打印机、键盘、鼠标等，都属于终端设备。

移动终端设备，顾名思义，就是可以在移动商务中使用的计算机设备。移动终端设备不仅能承担输入/输出工作，还能进行一定的运算和处理，实现部分系统功能。

（二）移动终端设备的类型

移动终端设备主要包括智能手机、掌上电脑、平板电脑、可穿戴设备和车载智能终端等（见图2-1）。详细内容在项目一的任务二中已介绍，此处不再赘述。

图2-1　各种类型的移动终端设备

（三）移动终端设备的特点

移动终端设备同传统计算机相比，具有如下几个主要的特点。

1. 移动性

移动终端设备的移动性改变了人们的生活、办公、娱乐方式。一方面，人们的大多数活动从固定的位置和场所解放出来；另一方面，乘车、聚会等以前不能够享受信息服务的场合，现在也能够很便利地享受移动服务。同时，移动终端设备同人们更加紧密地关联之后，可以借助设备上配备的传感器获得更多的个人信息，从而提供更加智能化、个性化的服务。

2. 自定位能力

当前，大部分智能移动终端设备都具有自定位能力，包括网络定位、GPS 定位、Wi-Fi 定位等多种方式。位置信息是物理世界区别于信息世界最明显的特征之一。因此，高效、巧妙地将现实世界和信息世界通过位置信息关联起来，可以开发出多种有价值的服务。

3. 资源受限性

移动终端设备主要通过电池供电，所以能量成为移动终端设备最宝贵的资源之一。移动终端设备的无线网络接入方式，使得网络资源较之固定设备更加稀缺。由于传统计算机的内存较小、计算能力较低，因此设计人员在设计移动终端设备的具体应用时需要考虑存储、计算能力方面的需求。

4. 独特的人机接口

同传统计算机不同，键盘和鼠标不是移动终端设备的主要输入方式。相对应地，触摸屏、语音输入、图片识别和生物识别等已成为移动终端设备的主流输入方式。

二、移动终端设备的技术特征

移动终端设备，特别是智能移动终端设备，具有以下几个方面的技术特征。

（1）在硬件体系上，移动终端设备具备中央处理器、存储器、输入部件和输出部件。也就是说，移动终端设备往往是具备通信功能的微型计算机设备。另外，移动终端设备支持多种输入方式，如键盘、鼠标、触摸屏、送话器和摄像头等，用户可以根据需要进行调整输入。同时，移动终端设备也具有多种输出方式，如受话器、显示屏等，用户也可以根据需要进行调整。

（2）在软件体系上，移动终端设备必须具备操作系统。Android 和 iOS 是目前主流的移动操作系统。移动操作系统越来越开放，基于这些开放的操作系统平台开发的个性化应用软件层出不穷，如通讯录、日程表、记事本、计算器及各类游戏等，极大程度地满足了用户的个性化需求。

（3）在通信能力上，移动终端设备能够灵活接入网络。移动终端设备具备灵活的接入方式和高带宽通信性能，并且能根据所选择的业务和所处的环境，自动调整所选的通信方式，从而方便用户使用。移动终端设备可以支持 GSM、WCDMA、CDMA2000、TDSCDMA、Wi-Fi 等，从而适应多种制式网络，不仅支持语音业务，更支持多种无线数据业务。

注：GSM 即全球移动通信系统；WCDMA 即宽带码分多址技术；CDMA2000 即 TIA 标准组织用于指代第三代 CDMA 的名称，是一个 3G 移动通信标准；TDSCDMA 即时分同步的码分多址技术；Wi-Fi 即创建于 IEEE 802.11 标准的无线局域网技术。

（4）在功能使用上，移动终端设备更注重人性化、个性化和多功能化。随着计算机技术的发展，移动终端设备从"以设备为中心"的模式进入"以人为中心"的模式，集成了嵌入式计算、控制技术、人工智能技术及生物认证技术等，充分体现了以人为本的宗旨。由于软件技术的发展，移动终端设备可以根据个人需求调整设置，更加个性化。同时，移动终端设备本身集成了众多软件和硬件技术，功能也越来越多元化和强大。

任务评价

单位：分

类别	序号	考核内容及要求	分值	学生自评分数	教师评价分数
任务内容	1	移动终端设备的概念	15		
	2	移动终端设备的类型	15		
	3	移动终端设备的特点	10		
	4	移动终端设备的技术特征	20		
学习态度	1	课前自主预习	10		
	2	积极参与课堂活动	20		
	3	认真完成课后作业	10		

任务二　移动操作系统

任务描述

试想一下，当一台平板电脑或一台智能手机没有了操作系统，我们还能用它来做什么？

移动操作系统可以说是移动终端设备最重要的组成部分。作为移动终端设备的控制中心，不但移动终端设备的所有功能都要通过移动操作系统来实现，而且用户的感知基本来自与移动操作系统之间的互动。通过本任务的学习，我们来认识几种主流的移动操作系统，重点了解Android（安卓）和iOS（苹果）两种主流移动操作系统的特点和发展历程。

任务实施

移动操作系统是移动终端设备中管理控制硬件和软件资源，合理组织工作流程，以便利用这些资源为用户提供一个具有多种功能、使用方便、安全有效的工作环境的系统软件，它在移动终端设备和用户之间起到连接的作用。

移动操作系统具有硬件管理、运行管理、存储管理、接口管理、数据管理和用户接口等基本功能。

目前，主流的移动操作系统主要有Android、iOS、Windows系列移动操作系统和华为鸿蒙操作系统等。

一、Android 操作系统

（一）认识 Android 操作系统

Android操作系统，中文俗称"安卓"，是目前流行的面向移动终端设备的操作系统。Android操作系统是一个以Linux为基础的开放源代码操作系统，主要用于移动终端设备，如智能手机和平板电脑等。Android操作系统的Logo如图2-2所示。

2021年5月，I/O开发者大会正式发布了Android 12操作系统。

图 2-2　Android 操作系统的 Logo

（二）Android 操作系统的特点

与其他移动操作系统相比，Android操作系统具有如下特点。

（1）系统的开放性。

Android操作系统设计之初首先提倡的就是建立一个标准化、开放式的移动软件平台，所以Android操作系统是直接建立在开放源代码的Linux操作系统上进行开发的，允许任何移动终端设备商加入Android操作系统联盟。这使得更多的硬件生产商加入了Android

操作系统开发阵营，也有更多的 Android 操作系统开发者投入该系统的应用程序开发中，这些为 Android 平台带来了更多的硬件选择与软件资源。

（2）应用的平等性。

在 Android 操作系统中，所有的应用程序具有平等的地位。所有应用程序，不管是系统自带的还是由应用程序开发者自己开发的，用户都可以根据自己的喜爱和偏好，随意替换、随意选用。如浏览器，用户既可以使用 Android 操作系统内部提供的浏览器，也可以使用应用程序开发商单独开发的浏览器。

（3）程序的无界性。

在多个应用程序之间，所有的程序都可以方便地进行互相访问，不会受到程序的限制，开发人员可以将自己的程序与其他程序进行交互。例如，通讯录的功能本身可以由 Android 操作系统提供，但是开发人员也可以直接调用通讯录的程序代码，并在自己的应用程序上使用。

（4）开发的方便性。

Android 操作系统使用 Java 作为开发语言，同时提供给第三方开发商一个十分宽泛、自由的环境。此外，在 Android 操作系统中，开发者为用户提供了大量的应用程序组件（如图形界面、电话服务等），用户可以直接在这些组件的基础上构建自己的开发程序，使得开发更为方便、快捷。

（5）硬件的丰富性。

由于 Android 操作系统的开放性，众多的硬件设备厂商会推出功能各异的多种产品。但功能上的差异，丝毫不会影响到数据同步，甚至软件的兼容。

（6）元素的定制性。

移动操作系统一般都有不少可以定制的元素，但 Android 操作系统在这方面是有绝对优势的。对安装了 Android 操作系统的智能手机或平板电脑，用户可以根据自己的经验和爱好进行各种设置，还可以安装桌面启动器，改变系统的操作界面，设置锁屏界面、多背景切换、任意调整桌面部件大小和快速启动图标等。

二、iOS 操作系统

（一）认识 iOS 操作系统

苹果是移动操作系统设计领域的领导者。iOS 是由苹果公司开发的移动操作系统。苹果公司最早于 2007 年 1 月 9 日的 Macworld 大会上公布这个系统，最初是设计给 iPhone 使用的，后来陆续套用到 iPod touch、iPad 及 Apple TV 等产品上。iOS 与苹果的 macOS X 操作系统一样，属于类 UNIX 系统的商业操作系统。

（二）iOS 操作系统的特点

苹果搭载的 iOS 操作系统与其他系统相比，具有以下特点。

（1）系统封闭，安全性强。

苹果对 iOS 操作系统采取了封闭的措施，并建立了完整的开发认证机制和严格的应用审核机制。这使得 iOS 操作系统是一个完全封闭的系统，不开源，恶意程序基本上没有登台亮相的机会。此外，iOS 操作系统采用严格的安全技术，使用起来十分方便。iOS 操作系统上的很多安全功能都是默认的，无须对其进行大量的设置，而且某些关键性功能（如设备加密等）是不允许用户自行配置的，从而使 iOS 操作系统的安全性得到了更强的保障。

（2）整合度高，运行稳定。

iOS 操作系统是专门为苹果公司的一系列设备而设计的，这使得 iOS 操作系统的软件与硬件整合度相当高，远胜于碎片化严重的 Android。同时，软硬件的高度整合，增强了整个系统的稳定性和运行的流畅性，减少了出现死机、无响应等情况。iOS 的内核是 Darwin，有自己独立的苹果生态系统，运转稳定而流畅。

（3）界面设计美观易操作。

苹果在界面设计上投入了很多精力，无论是美观性还是易用性，iOS 操作系统都致力于为使用者提供最直观的用户体验。iOS 操作系统保持简洁、美观的操作界面，气质独特，并且易于操作，用户上手快、体验好。

（4）应用数量多、品质高。

iOS 平台拥有数量庞大的 App 和第三方开发者，几乎每类 App 都有数千款。由于 iOS 操作系统对应用的选用建立了严格的审核机制，因此保证了应用的高质量，这是其他移动操作系统无法比拟的。iOS 15 操作系统的界面设计如图 2-3 所示。

图 2-3　iOS 15 操作系统的界面设计

三、Windows 系列移动操作系统

Windows 操作系统（别名：视窗操作系统），是由美国的微软（Microsoft）公司研发的操作系统，问世于 1985 年。起初是 MS-DOS 模拟环境，后续由于微软对其进行不断更新升级，提升易用性，使 Windows 成了应用最广泛的操作系统。随着智能手机的发展，微软也陆续面向移动终端设备推出了数款 Windows 移动操作系统。

（一）Windows Mobile 操作系统

Windows Mobile 是微软为手持设备推出的"移动版 Windows"，使用 Windows Mobile 操作系统的设备主要有智能手机、个人数字终端、随身音乐播放器等。2010 年 10 月，Windows Moblie 正式停止支持，并关闭 Marketplace，向新平台发展——Windows Phone。

（二）Windows Phone 操作系统

Windows Phone（简称 WP）是微软于 2010 年 10 月 21 日正式发布的一款手机操作系统，初始版本命名为 Windows Phone 7.0。这款操作系统基于 Windows CE 内核，采用了一款名为 Metro 的用户界面（UI），并将微软旗下的 Xbox Live、Xbox Music 与独特的视频体验集成至手机中。2011 年 2 月，诺基亚与微软达成全球战略同盟并深度合作共同研发该系统。Windows Moblie 与 Windows Phone 操作系统，如图 2-4 所示。

图 2-4　Windows Mobile 与 Windows Phone 操作系统

2017 年 7 月 11 日起，Windows Phone 8.1 用户不再有资格免费从微软收到新的安全更新、非安全修补程序、协助支持选项或联机技术内容更新。微软支持不再公开提供适用于 Windows Phone 8.1 的更新或修补程序。

（三）Windows 10 Mobile 操作系统

Windows 10 Mobile 是微软发布的移动端操作系统，应用于旗舰手机、平板电脑等设备。2016 年 3 月 18 日，Windows 10 Mobile 版本 1511 的正式版首次发布。

Windows 10 Mobile 改善了用户体验，升级了键盘输入法和浏览器，定制了全新的应

用商店，并开始支持跨平台运行的 UWP。

2019 年 12 月 10 日，微软停止对 Windows 10 Mobile 的支持。

四、华为鸿蒙操作系统

华为鸿蒙操作系统（HUAWEI HarmonyOS），是华为公司在 2019 年 8 月 9 日于东莞举行的华为开发者大会（HDC.2019）上正式发布的操作系统（见图 2-5）。

图 2-5　华为鸿蒙操作系统

鸿蒙操作系统是华为公司开发的一款基于微内核、面向 5G 物联网、面向全场景的分布式操作系统。这款操作系统将手机、计算机、电视、工业自动化控制、无人驾驶、车机设备、智能穿戴设备统一起来，创造一个超级虚拟终端互联的世界，将人、设备、场景有机地联系在一起，将用户在全场景生活中接触的多种智能终端实现极速发现、极速连接、硬件互助、资源共享，用合适的设备提供场景体验。

2021 年 6 月 2 日晚，华为正式发布鸿蒙分布式操作系统，预计此前只用于智慧屏、可穿戴设备等产品的鸿蒙操作系统将运用在更多产品品类上。

任务评价

单位：分

类　　别	序　　号	考核内容及要求	分　　值	学生自评分数	教师评价分数
任务内容	1	Android 操作系统	20		
	2	iOS 操作系统	20		
	3	Windows 系列移动操作系统	10		
	4	华为鸿蒙操作系统	10		
学习态度	1	课前自主预习	10		
	2	积极参与课堂活动	20		
	3	认真完成课后作业	10		

任务三　二维码技术、NFC技术与蓝牙技术

任务描述

短距离无线通信技术的发展促进了移动商务的发展，而移动商务的发展，则进一步催生出对低成本、短距离、无线通信技术的巨大需求，于是二维码技术、NFC技术、蓝牙技术等应运而生，并得到了迅速发展。本任务将介绍二维码技术、NFC技术、蓝牙技术的起源和特点，了解它们的应用情况。

任务实施

一、二维码

二维码，又称二维条码，从字面上看是指用两个维度（水平方向和垂直方向）来进行数据的编码。二维码通过按一定规律在二维方向的平面上分布的特定图形符号（通常为黑白块）来表达数据信息，赋予人员、物品、场所等唯一的编号信息，并将其纳入信息化管理，实现跟踪、溯源、检查等功能。

（一）从一维码到二维码

传统条码，即一维码，是由一组粗细不同、黑白（或彩色）相间的条、空及其相应的字符（数字和字母）组成的标记。

二维码，是按一定规律在平面上分布的、黑白相间的、记录数据符号信息的图形。

一维码，只利用了一个维度（水平方向）表示信息，在另一个维度（垂直方向）没有意义。二维码利用水平方向和垂直方向两个维度来表示信息，所以二维码比一维码有着更高的数据存储容量。一维码只能由数字和字母组成，而二维码能存储汉字、数字、网址链接、图片、视频等信息，因此二维码的应用领域要广泛得多（见图2-6）。

图 2-6 一维码与二维码

（二）二维码的分类

二维码按照编码原理可分为行排式二维码和矩阵式二维码。

行排式二维码，又称堆叠式二维码，其编码原理是建立在一维码基础之上的，按需要堆积成二行或多行。行排式二维码在编码设计、校验原理、识读方式等方面继承了一维码的一些特点，识读设备、条码印刷与一维码技术兼容。但由于行数增加，其译法算法、软件与一维码不完全相同。有代表性的行排式二维码有 PDF417、Code16K、Code49 等（见图 2-7）。

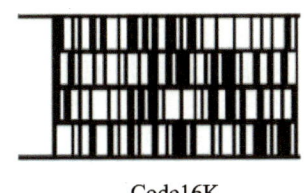

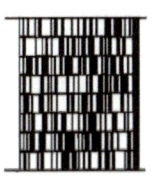

图 2-7 行排式二维码

矩阵式二维码，又称棋盘式二维码，它是在一个矩形空间通过黑、白像素在矩阵中的不同分布进行编码的。在矩阵相应元素位置上，用点（方点、圆点或其他形状）的出现表示二进制"1"，点的不出现表示二进制"0"，点的排列组合确定了矩阵式二维码代表的意义。有代表性的矩阵式二维码有 CS Code、LP Code、GM Code、QR Code、Code one、Data Matrix、Maxi Code、Aztec Code、Vericode 等（见图 2-8）。

图 2-8 矩阵式二维码

QR Code 是我们生活中最常见的二维码，一般人们口头所称的二维码，都是指 QR

Code。QR 是 Quick Response 的首字母缩写，译为快速反应。这种二维码能够快速读取，存储更丰富的信息并能对文字、URL 地址和其他类型的数据加密。QR 码于 1994 年由日本的 Denso-Wave 公司发明。

汉信码是目前我国技术最先进、标准化程度最高、获得国内外支持最多的自主知识产权二维码码制。与其他二维码相比，汉信码最突出的优势在于它的知识产权免费和超强的汉字处理能力。

（三）二维码技术的特点

二维码技术具有以下 6 个特点。

1. 信息容量大

二维码可容纳多达 1850 个字符或 2710 个数字或 1108 个字节或 500 多个汉字，比普通条码的信息容量约高几十倍。二维码还可以对图片、声音、视频、文字、签字、指纹、文档等各种信息进行数字化编码，并支持多种语言文字。

2. 输入速度快

二维码具有扫描自动识读的能力，输入速度比传统的键盘输入方式提升 6 倍以上。

3. 可靠性高

二维码识别利用光学字符识别技术，出错率极低，可靠性比传统的键盘输入方式要强。

4. 纠错能力强

在二维码因污损或穿孔等引起局部损坏时，依然可以正确识读，因此二维码具有较强的错误纠正能力。

5. 灵活实用

不需要特殊的识别设备，通过手机相机就可以扫描识读，操作简易，不需要特殊培训。

6. 制作成本低

二维码打印成本较低。同时，二维码标签也易于制作，成本低廉，适于大量制作张贴。

（四）二维码技术的应用

作为一种及时、准确、可靠、经济的数据输入手段，二维码在工业、商业、国防、交通、金融、医疗卫生、办公自动化等许多领域得到了广泛应用。总体来讲，二维码的应用可以分为主读和被读两类。被读类应用是以手机等移动终端设备存储二维码作为电子交易或支付的凭证，可用于电子商务、消费打折等；主读类应用是指安装识读二维码软件的手持工具（包括手机），识读各种载体上的二维码，可用于防伪溯源、执法检查等。下面，我们简要介绍几种二维码在移动商务中的典型应用。

1. 网上购物，一扫即得

目前国内一些大城市的地铁通道里，已经有二维码产品墙，用户可以边等地铁边逛超市，看中哪个扫描哪个，然后通过手机支付，直接下单。如果是宅在家里，家里的米、面、油等用完了，只要拿起包装，对着产品的二维码一扫，就可以轻松在线订购，享受送货上门服务。在通过二维码购物时，产品的二维码就是产品的身份证，扫描后调出的产品真实有效，保障了购物安全。将来，二维码加上O2O（线上到线下），实体店将变成网购体验店。

2. 消费打折，有码为证

凭二维码可享受消费打折，是目前业内应用最广泛的方式。比如，商家通过短信方式将电子优惠券、电子票发送到用户的手机上，用户在进行消费时，只要向商家展示手机上的二维码优惠券，并通过商家的识读终端扫码、验证，就可以享受优惠。

3. 码上付款，简单便捷

超市购物、车站买票、餐饮店付款，甚至路边买一个煎饼果子或一杯奶茶，商家都支持二维码付款。在使用二维码付款时，用户只需要出示付款码（见图2-9）或扫描商家的收款码，即可跳转至付款页面，付款过程只需要几秒钟的时间，方便又快捷。

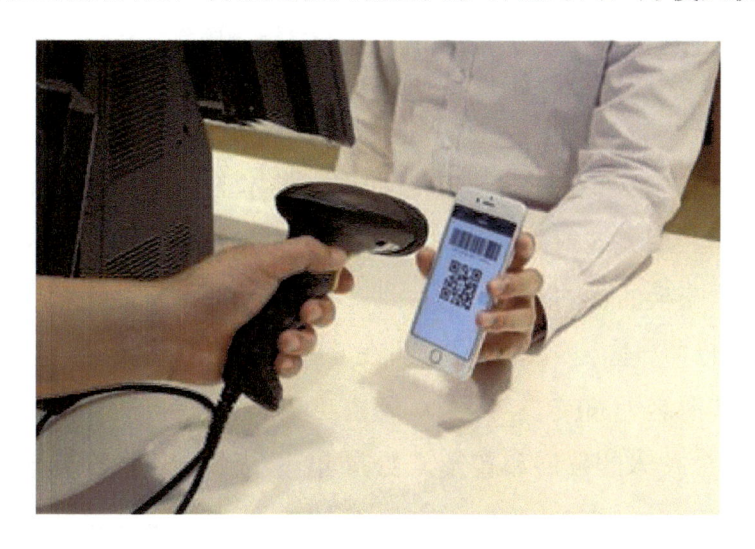

图2-9　二维码付款

4. 资讯阅读，实现延伸

报纸、电视及其他媒体上的内容，限于媒体介质的特性，是静态的，无法延伸阅读，但是，二维码出现以后，颠覆了这种界限，实现了跨媒体阅读。比如，在报纸上某则新闻旁边放一个二维码，读者扫描后可以阅读更多的信息，包括采访录音、视频录像、图片动漫等。户外广告、单页广告上都可以加印二维码，感兴趣的用户只要用手机一扫，即可快速了解更详细的内容，甚至与广告主互动。

5. 二维码票务电子化

火车票上可以添加二维码，大家都已经知道。由此可以延伸，景点门票、展会门票、演出门票、飞机票、电影票等都可以通过二维码实现完全的电子化。比如，用户通过网络购票，完成网上支付，手机即可收到二维码电子票，用户可以自行打印或保存在手机上作为入场凭证，验票者只需通过设备识读二维码，即可快速验票，大大降低了票务耗材和人工成本。

此外，还有二维码点餐、二维码防伪、二维码溯源、二维码证件、二维码导览等。二维码已经在我们的生活中充当不可或缺的角色，给我们的工作、学习和生活带来无限的便利。

二、NFC 技术

NFC 是"Near Field Communication"三个单词的首字母，中文译为"近场通信"。NFC 技术是一种短距高频的无线电技术，是由无线射频识别（Radio Frequency Identification，RFID）及互联互通技术整合演变而来的一套通信协议、数据交换格式和标准，用于使手机、平板电脑、笔记本电脑和其他支持 NFC 的设备在彼此靠近的情况下进行数据交换与共享，从而实现移动支付、电子票务、门禁、身份识别、防伪等应用。

（一）从 RFID 到 NFC

无线射频识别，即射频识别技术，是自动识别技术的一种，通过无线射频方式进行非接触双向数据通信，利用无线射频方式对记录媒体（电子标签或射频卡）进行读写，从而达到识别目标和数据交换的目的。

2003 年，飞利浦半导体公司和索尼公司在 RFID 技术的基础上共同开发了一款新的无线通信技术，并将其命名为 NFC。

而为了推动 NFC 技术的发展和普及，2004 年飞利浦、索尼和诺基亚共同创建了一个非营利性的行业协会——NFC Forum，旨在促进 NFC 技术的实施和标准化，确保设备生产者和服务提供者协同合作。NFC Forum 在全球拥有数百个成员，包括诺基亚、索尼、飞利浦、乐喜金星（LG）、摩托罗拉、恩智浦（NXP）、日电（NEC）、三星、英特尔等，其中中国成员有魅族、步步高、vivo、OPPO、小米、中国移动、华为、中兴、上海同耀和台湾正隆等公司。

在 RFID 技术时代，信息是单向的，RFID 提供一个可以在几米甚至几十米内用电磁波识别的电子标签。NFC 技术实现了信息的单向和双向交流。

（二）NFC 的工作模式

为了和非接触式智能卡兼容，NFC 规定了一种灵活的网关系统，具体包含 3 种工作模式：点对点通信模式、读写器模式和卡模拟模式。

1. 点对点通信模式

在点对点（peer-to-peer）通信模式下，两个具有 NFC 功能的设备触碰即可进行连接，从而使点和点之间的数据传输得以实现。例如，具有 NFC 功能的数字相机和手机之间可以利用 NFC 技术进行无线互联，实现虚拟名片或数字相片等数据交换。

2. 读写器模式

在读写器（reader/writer）模式下，NFC 设备作为非接触读写器使用，可以读写支持 NFC 数据格式标准的标签。比如电影海报后面贴有 NFC 数据格式标准的标签，用户就可以携带一个支持 NFC 功能的手机贴近标签获取电影信息，也可以连接购买电影票。

3. 卡模拟模式

卡模拟（card emulation）模式就是将具有 NFC 功能的设备模拟成一张非接触卡或标签，例如支持 NFC 功能的手机可以作为门禁卡、银行卡等而被读取（见图 2-10）。在这种方式下，NFC 有一个极大的优点，那就是非接触卡通过非接触读卡器的 RF 域来供电，即便 NFC 的寄主设备（如手机、可穿戴移动终端设备等）没有电也可以工作。

图 2-10　用户用具有 NFC 功能的手机进行支付

（三）NFC 技术的特点

1. 传输距离近

NFC 技术是一种近距离连接协议，提供各种设备间轻松、安全、迅速且自动的通信。与无线世界中的其他连接方式相比，NFC 技术采取了独特的信号衰减技术，NFCIP-1 标准规定 NFC 技术的通信距离为 10 厘米以内。近距离的私密通信使得 NFC 技术的安全性能得到了更好的保证，NFC 技术成为处理移动交易等的理想手段。

2. 连接速度快

NFC 技术的启用，大大地简化了建立设备连接的整个过程，只需要将设备互相靠近即可迅速建立好连接。NFC 技术连接速度非常快，几乎不到 0.1 秒。

3. 射频频率限制

NFC 技术的工作频率为 13.56MHz。

4. 标准化高，兼容性好

由于 NFC Forum 的积极推动，NFC 技术实现了标准化，成为 ISO/IEC 18092 国际标准、ETSI TS 102 190 标准、EMCA-340 标准，并能兼容 ISO 14443A、ISO 14443B、ISO 15693、Felica 等标准，还实现了与现有非接触智能卡的技术兼容。广泛的兼容性，进一步推动了 NFC 技术的快速发展。

5. 成本低廉

NFC 读写器只需要将芯片、天线和一些软件进行组合，就能实现各种设备的通信，价格只需要 2～3 欧元。与读写器相比，NFC 被动标签的价格更加低廉。相关数据显示，其价格仅为 0.1 美元。

6. 传输速度受限

NFC 技术的传输速率可分为 106Kbit/s、212Kbit/s、424Kbit/s 3 种。

7. 使用直观灵活

NFC 技术的距离限制造成用户需要明确的物理动作才能使协议起作用。与 Wi-Fi 和蓝牙的始终在线特性相反，NFC 技术是唯一需要用户采取有意识的操作才能使用的广泛的无线通信协议。另外，在卡模拟模式下，NFC 技术既不依赖于网络，也不依赖于电源。也就是说，在移动终端设备断网断电的情况下，NFC 设备的卡模拟功能依然可以使用。

（四）NFC 技术的应用

NFC 设备可以用作非接触式智能卡、智能卡的读写器终端及设备对设备的数据传输链路。NFC 应用可以分为 4 种基本类型。

1. 移动支付应用

移动支付应用主要是指将具有 NFC 功能的手机或其他移动终端设备虚拟成银行卡、一卡通等。NFC 移动支付不仅快捷便利、安全私密，而且摆脱了对网络和电源的依赖，使支付变得更为灵活、方便。

将具有 NFC 功能的设备虚拟成银行卡的应用，称为开环应用。如具有 NFC 功能的手机在钱包中绑定银行卡后，手机靠近支持 NFC 支付的设备就能轻松实现付款。另外，微信和支付宝目前均支持 NFC 支付。将具有 NFC 功能的设备虚拟成一卡通的应用，称为闭环应用。如可以将 NFC 终端设备绑定公交卡、就餐卡、校园卡等。图 2-11 所示为 NFC 终端设备绑定公交卡的应用。

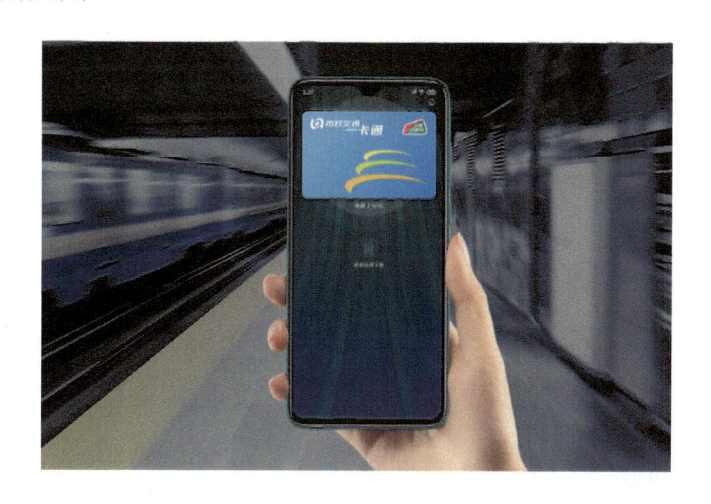

图 2-11　NFC 终端设备绑定公交卡的应用

2. 身份识别应用

身份识别应用主要是将具有 NFC 功能的手机或其他移动终端设备虚拟成门禁卡、电子票证甚至汽车钥匙等进行应用。

NFC 虚拟门禁卡的应用就是将现有的门禁卡数据写入手机等移动终端设备的 NFC，这样无须使用门禁卡，使用手机等移动终端设备就可以实现门禁功能。不仅门禁的配置、监控和修改等十分方便，而且可以实现远程修改和配置，如在需要时临时分发凭证卡等。NFC 虚拟电子票证的应用就是在用户购票后，售票系统将门票信息发送至用户的手机，具有 NFC 功能的手机可以把门票信息虚拟成电子票证，在检票时直接刷手机即可。

2020 年，比亚迪汽车宣布部分车型支持 NFC 车钥匙，用户可以在比亚迪汽车 App 中将具备 NFC 功能的手机或可穿戴设备注册为车钥匙，既可用其解锁、闭锁车门，也可以对 NFC 车钥匙进行管理。

在身份识别中使用 NFC 虚拟卡，可以减少门禁卡或磁卡式门票的使用，直接降低使用成本，还可以提高自动化程度，降低人员成本，提升工作效率。

3. 标签应用

标签应用就是把一些信息写入一个 NFC 标签内，用户只需用支持 NFC 功能的移动终端设备在 NFC 标签上挥一挥，就可以立即读取预写在里面的信息，也可以实现 Wi-Fi 开关、蓝牙开关、选择连接设备等功能。例如，商家可以把含有海报、促销信息、广告的 NFC 标签放在商店门口，用户可以根据自己的需求用具有 NFC 功能的手机获取相关信息，并可以登录社交网络和朋友分享这些信息。

4. 传输链路应用

传输链路应用是指将两台支持 NFC 功能的设备连接，即可进行点对点的网络数据传输，如下载音乐、交换图像或同步处理通讯录等。举一个例子，我们可以用具有 NFC 功能的手机靠近智能音箱，智能音箱就可以播放手机里的音乐。

三、蓝牙技术

蓝牙技术（Bluetooth）是一种无线数据和语音通信开放的技术标准，它是基于低成本的近距离无线连接，为固定和移动终端设备建立通信环境的一种特殊的近距离无线技术连接，以实现固定设备、移动终端设备和楼宇个人域网之间的短距离数据交换。

（一）蓝牙技术的起源与发展

蓝牙标准最初是由瑞典电信巨头爱立信（Ericsson）公司于 1994 年提出的。1998 年 5 月 20 日，爱立信联合 IBM、英特尔、诺基亚及东芝等 5 家公司成立"特别兴趣小组"（Special Interest Group，SIG），即蓝牙技术联盟的前身。如今，蓝牙由蓝牙技术联盟管理。蓝牙技术联盟负责监督蓝牙规范的开发、管理认证项目，并维护商标权益。蓝牙技术注册的 Logo 如图 2-12 所示。

图 2-12　蓝牙技术注册的 Logo

蓝牙技术在发展的过程中，也经历过了若干次标准的变化和技术更新，版本从1.0升级到了5.3（截至2021年），如表2-1所示。

表2-1 蓝牙历代版本

蓝牙版本	发布时间	最高传输速率	传输距离
蓝牙5.3	2021	48Mbit/s	300米
蓝牙5.2	2020	48Mbit/s	300米
蓝牙5.1	2019	48Mbit/s	300米
蓝牙5.0	2016	48Mbit/s	300米
蓝牙4.2	2014	24Mbit/s	50米
蓝牙4.1	2013	24Mbit/s	50米
蓝牙4.0	2010	24Mbit/s	50米
蓝牙3.0+HS	2009	24Mbit/s	10米
蓝牙2.1+EDR	2007	3Mbit/s	10米
蓝牙2.0+EDR	2004	2.1Mbit/s	10米
蓝牙1.2	2003	1Mbit/s	10米
蓝牙1.1	2002	810Kbit/s	10米
蓝牙1.0	1998	723.1Kbit/s	10米

（二）蓝牙技术的特点

1. 抗干扰能力强

蓝牙技术采用了跳频技术，将2.40GHz～2.48GHz频段分成79个频点，蓝牙设备在某个频点发送数据之后，再跳到另一个频点发送，而频点的排列顺序是伪随机的，所以不会受到其他无线设备（如家用微波炉、无线局域网等）的干扰。

2. 体积小，便于合成

由于个人移动终端设备的体积较小，嵌入其内部的蓝牙模块体积就应该更小，如爱立信公司的蓝牙模块ROK1010008的外形尺寸仅为32.8mm×16.8mm×2.95mm。

3. 功耗低

蓝牙设备在通信连接状态下有激活模式、呼吸模式、保持模式和休眠模式4种工作模式。其中，激活模式是正常的工作状态，另外3种模式是为了节能所设计的低功耗模式。蓝牙4.0提出的"低功耗蓝牙"，更加凸显了功耗低的特点。

（三）蓝牙技术与NFC技术的比较

作为近场通信技术，蓝牙技术与NFC技术在很多方面可以对比，它们的主要区别集中在以下几个方面。

1. 传输距离不同

NFC 技术的有效作用距离仅为 10 厘米，蓝牙技术最初为 10 米。现在，蓝牙 5.0 版本的有效作用距离高达 300 米。

2. 传输速度不同

目前 NFC 技术的数据传输速率上限达 424Kbit/s，建立时间在 0.1s 内。蓝牙技术刚好相反，传输速率可达 24Mbit/s，但建立时间长达 6s。

3. 安全性不同

NFC 技术的安全性建立在硬件层面，足以应用到金融、安防等行业。蓝牙技术的安全性则建立在软件上，若软件发生问题则安全性得不到保障。

4. 成本不同

NFC 技术的成本比蓝牙技术低。NFC 读写器的成本约为十几元，将来的成本还会更低，而用于读取的标签更便宜，甚至可以代替二维码。

5. 能耗不同

在卡模拟模式下，NFC 技术消耗的是读写器电量，即使终端设备没有电也可以使用。而蓝牙技术则依靠寄主电流驱动。但当 NFC 技术在一台无动力的设备（比如一台关机的手机、非接触式智能信用卡或智能海报）上工作时，NFC 技术的能量消耗会大于低能耗蓝牙 4.0 版本。

（四）蓝牙技术的应用

蓝牙技术是一种解决方案导向型技术，其应用涵盖音频传输、数据传输、位置服务及设备网络四大方面。

1. 音频传输

音频传输是蓝牙技术最基本的功能，已经被广泛应用到无线耳机、无线扬声器、车载通信系统等方面。值得一提的是，低能耗蓝牙 5.2 版本不仅提升了蓝牙音频性能，还可以实现蓝牙音频分享。这意味着，蓝牙技术在智能手机、智能电视、智能音箱、蓝牙耳机、可穿戴设备、广播音频设备、助听辅听等应用方向上仍然具有很大的发展潜力。蓝牙耳机与蓝牙音箱如图 2-13 所示。

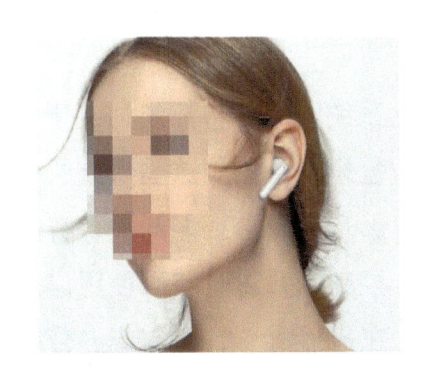

图 2-13　蓝牙耳机与蓝牙音箱

2. 数据传输

蓝牙技术的数据传输功能主要体现在运动和健身设备、医疗和健康设备、其他外设配件等方面。比如，目前市场上大部分的可穿戴设备都是通过蓝牙与智能手机相连并进行数据传输的（见图 2-14）。另外，我们可以通过蓝牙遥控器控制家里的电视、风扇、空调等家电，通过手环、手表持续为人们提供健康监测服务，通过手机蓝牙连接玩具上的蓝牙装置进行无线控制。总之，基于蓝牙技术的数据传输功能，"万物互联"产品被不断地丰富和拓宽。

图 2-14　可穿戴设备通过蓝牙与智能手机相连

3. 位置服务

蓝牙技术在位置服务领域的应用主要有地标信息、室内寻向、定位导航、人员和资产追踪等。在 2019 年，蓝牙标准规范的版本 5.1 中引入了一项新的令人兴奋的功能——蓝牙方向查找。这项技术使得蓝牙能够具有更高精度的室内寻向和定位导航功能，从而能够帮助人们实现对人员和资产的追踪，比如在仓库中定位工具和工人、在医院中定位医疗仪器和患者等。

4. 设备网络

蓝牙技术可以嵌入控制系统、监控系统和自动化系统，从而将系统与蓝牙手机等蓝牙设备设置在同一个网络中，达到利用蓝牙手机或其他蓝牙设备控制这些系统的目的。如在智能家居领域，我们可以用蓝牙技术将手机与灯光、影音娱乐、智能开关、智能家电等连接在一个网络中，实现对家电系统的远程控制和声音控制，并随时获取使用信息。蓝牙技术还可以将智能手机变成更安全、便捷的数字钥匙，在接近汽车、住宅或办公室时解锁车门或房门。

任务评价

单位：分

类别	序号	考核内容及要求	分值	学生自评分数	教师评价分数
任务内容	1	二维码的概念与分类	10		
	2	二维码技术的特点和应用	10		
	3	NFC 技术的概念和特点	10		
	4	NFC 技术的工作模式和应用	10		
	5	蓝牙技术的起源与发展	5		
	6	蓝牙技术的特点	5		
	7	蓝牙技术与 NFC 技术的比较	5		
	8	蓝牙技术的应用	5		
学习态度	1	课前自主预习	10		
	2	积极参与课堂活动	20		
	3	认真完成课后作业	10		

任务四　基于位置服务技术

任务描述

基于位置服务一直是人们日常生活的必需。实时天气的推送、出门导航的应用、附近景点的推荐、点外卖时的周边美食、邻近店铺的优惠信息等，无一不是运用了 LBS 技术。那么，你知道什么是 LBS 技术吗？它有哪些特点？它可以应用在哪些领域？本任务将带你揭开 LBS 的神秘面纱。

任务实施

一、基于位置服务的简介

（一）LBS 技术的内涵

1. LBS 技术的概念

基于位置服务（Location Based Services，LBS）技术是指围绕地理位置数据而展开的服务，其由移动终端设备使用无线通信网络或卫星定位系统，基于空间数据库，获取用户的地理位置坐标信息并与其他信息集成，以向用户提供所需的与位置相关的各种增值服务。LBS 技术中融合了移动通信、互联网络、空间定位、位置信息、大数据等多种信息技术，利用移动互联网络服务平台进行数据更新和交互，使用户可以通过空间定位来获取相应的服务。

2. LBS 技术的两层含义

LBS 技术的概念包括了以下两层含义。

（1）"定位"，即要为用户提供定位信息，能够确定用户或移动终端设备所处的地理位置。定位是 LBS 技术的基础。

（2）"服务"，即要根据目标用户的位置，为用户提供基于位置的交通、物流、紧急呼叫、特殊人群看护、附近店铺信息等各类增值服务。服务是 LBS 技术的目的。

（二）LBS 技术的主要特点

1. 覆盖范围广

对于 LBS 技术，企业一方面要求定位服务覆盖的范围要足够大，另一方面要求一定要将室内也进行全覆盖。用户大部分时间是处于室内的，所以从高层建筑到地下设施，LBS 技术需要对每个角落都进行覆盖。根据覆盖率的大小，LBS 定位系统可分为整个本地网、覆盖部分本地网和提供漫游网络服务 3 种类型。

2. 定位精度高

LBS 技术根据不同用户的需求提供不同程度的精确服务，并且可以让用户享有选择精确度的权利。例如 FCC（美国联邦通信委员会）推出的定位精度在 50 米以内的概率为 67%，在 150 米以内的概率为 95%。定位精度一方面与采用的定位技术有关，另一方面还取决于提供业务的外部环境，包括无线电传播环境、基站的密度和地理位置、所用设备等。

3. 操作简便

LBS 功能主要基于 Web 服务器和 LDAP 服务器。对目前市面上绝大多数智能终端设备而言，LBS 技术的操作和使用是非常简便的，简便到只需要用户授权打开定位，然后访问互联网发送服务请求即可。

4. 应用广泛

有研究表明，人类 80% 以上的活动都与位置相关，这些活动又涉及各个领域。因此，基于位置的服务已经深入、广泛地应用到导航、信息、跟踪、游戏、急救、广告、社交、休闲等各个领域，为人类的生活和工作带来了便利。

（三）LBS 系统的组成

LBS 系统一般由 4 部分组成，即移动终端设备（用户）、定位系统、网络服务提供商和位置服务提供商（见图 2-15）。

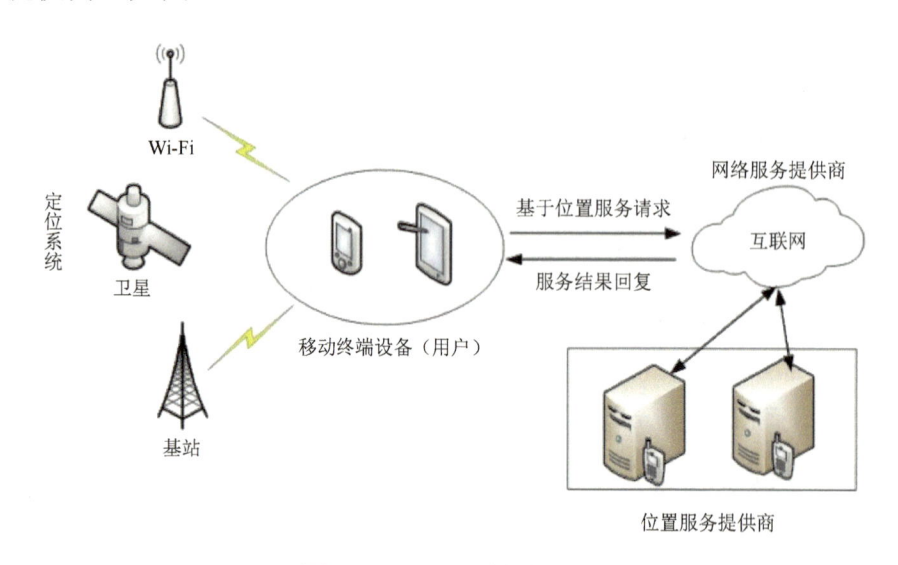

图 2-15　LBS 系统的组成

1. 移动终端设备（用户）

在 LBS 系统中，用户通常通过具有定位功能的移动终端设备来获得其地理位置信息，同时用户可以通过基站或 Wi-Fi 热点访问互联网来发起基于位置的服务查询请求。

2. 定位系统

在 LBS 系统中，定位是其基础，只有知道用户的精确位置，才能为用户提供相关位置信息和服务。定位系统采用定位技术对移动终端设备进行定位。

定位技术是指由移动终端设备及时确定该设备所在地理位置的技术，其结合了硬件（如 GPS 芯片）和软件（如从多个基站信号中确定位置的程序）的技术。基于位置的服务是以精确的定位技术为前提的，也是此服务最重要的保障技术之一。

目前，常用的定位技术主要包括以下几种。

（1）卫星定位。

卫星定位是指通过全球卫星导航系统（Global Navigation Satellite System，GNSS），使用卫星对某物进行准确定位的技术。

目前，全球总共有美国的 GPS、俄罗斯的 GLONASS、中国的北斗卫星导航系统和欧盟的伽利略卫星导航系统四大供应商提供全球导航定位服务。

GPS（Global Positioning System），中文名称为全球定位系统，是一种以人造地球卫星为基础的高精度无线电导航的定位系统。GPS 是最早的全球定位系统，也是目前应用最为成功的卫星定位系统。GPS 于 20 世纪 70 年代开始建设，在 1994 年面向全球开通了导航定位服务。GPS 可以为全球绝大部分地区（包括全球 98% 的地区）提供精确的位置、速度、时间信息服务。

GLONASS，中文名称为格洛纳斯。GLONASS 在 20 世纪 70 年代由苏联开始筹建，1993 年转由俄罗斯独立建设，2007 年实现了提供俄罗斯境内的导航定位服务，2009 年覆盖全球。

北斗卫星导航系统（BeiDou Navigation Satellite System，BDS），简称"北斗"，是中国自行研制的全球卫星导航系统，也是继 GPS、GLONASS 之后的第三个成熟的卫星导航系统。"北斗"于 1994 年开始启动建设，从北斗一号、北斗二号到 2020 年 8 月北斗三号全球导航系统正式开通，我国的北斗卫星导航系统终于具备了能够向全球提供导航定位服务的功能。

伽利略卫星导航系统（Galileo Satellite Navigation System），是由欧盟研制和建立的全球卫星导航定位系统。伽利略卫星导航系统的构建计划最早在 1999 年欧盟委员会的一份报告中被提出，经过多方论证后，于 2002 年 3 月正式启动。2023 年 1 月 27 日，欧洲航天局在第 15 届欧洲太空会议上宣布，由 28 颗卫星组成的伽利略全球卫星导航系统的高精度定位服务已启用。目前，伽利略导航卫星系统已服务于全球超 30 亿用户。

值得一提的是，在我国大部分智能移动终端设备支持 GPS 和北斗双模卫星定位，极大地提高了定位精度。卫星定位信号好、精度高、运用规模广，几乎一切需要定位的设备都可以运用全球卫星导航系统定位。但卫星信号无法穿透金属和钢筋水泥混合物，所以无法在室内、地下停车场、高桥下甚至密布的高楼下运用。

(2)基站定位。

基站定位也是很常见的定位方法。它一般应用于手机用户,是根据通信运营商(如中国移动、中国联通、中国电信等)建设的基站来定位的,如图 2-16 所示。

基站,即公用移动通信基站,是指在一定的无线电覆盖区域内,通过移动通信交换中心,与移动电话终端之间进行信息传递的无线电收发信电台。无线电接收设备,通常为手机,通过监测与不同基站之间(通常为信号最好的 3 个基站)的信号差异,加上已知的基站位置,通过特定算法,便可得出位置坐标。基站定位可以作为卫星定位的补充,不过其最显著的缺陷是对基站的依赖,当接收设备周围基站数量较少时,可能存在定位误差大甚至无法定位的情形。

(3)Wi-Fi 定位。

Wi-Fi 定位的原理类似基站定位,如图 2-17 所示。每一个无线 AP 都有一个全球唯一的 MAC 地址。Wi-Fi 定位靠的就是侦测周围所有的无线网络基站的 MAC 地址,去比对数据库中该 MAC 地址的地理坐标,从而交叉计算出较精确的经纬度位置坐标。Wi-Fi 定位的精度可以高达米级,如 Google Wi-Fi 定位的精度在 1～10 米的范围内。

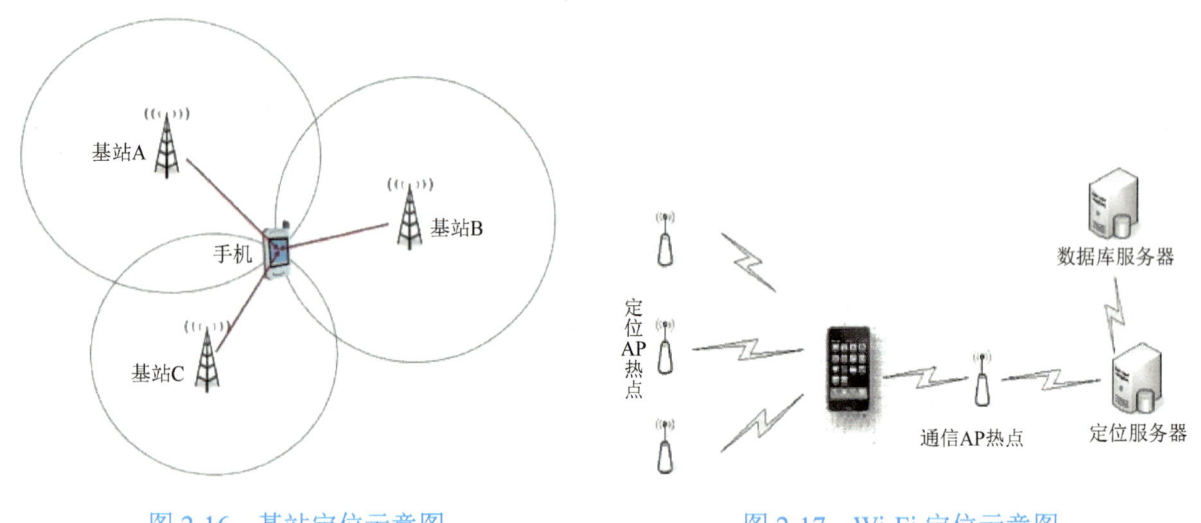

图 2-16　基站定位示意图　　　　　图 2-17　Wi-Fi 定位示意图

(4)蓝牙定位。

蓝牙定位的原理同样类似基站定位,只不过蓝牙信号对距离的敏感程度要远高于基站定位和 Wi-Fi 定位,可以实现厘米级的定位精度。蓝牙定位首先需要在区域内铺设蓝牙信标和蓝牙网关,蓝牙信标会不断地向周围广播信号和数据包。当接收设备进入蓝牙信号覆盖的范围后,就可测出其在不同蓝牙信标下的信号强度,然后通过接收设备内置的定位算法,从而测算出其具体位置。蓝牙定位误差小、成本低,适合室内定位。

3. 网络服务提供商

网络服务提供商是移动用户和 LBS 服务提供商之间通信的网络载体。在一般情况下，网络服务提供商不能保证信息传播的安全性。恶意攻击者可以监控网络传输的内容。

4. 位置服务提供商

位置服务提供商接收移动用户的查询请求信息并为该信息计算查询相应的结果，然后通过网络把查询结果发送至移动用户的移动终端设备上。现实中，LBS 服务提供商主要以盈利为主，所以位置服务提供商很可能将移动用户的位置信息卖给第三方来获取利润，存在泄露个人隐私的风险。

二、基于位置服务的应用

基于位置服务已从最初的应急位置服务发展到大众日常位置服务，几乎涵盖了人类活动的方方面面：安全防卫、紧急事故、导航、娱乐、旅行助理、生产助理、后勤、移动资产、人员管理等多个领域。这里简要介绍几种基于位置服务的典型应用。

（一）军事及应急救援指挥

基于位置服务在军事作战、后勤、训练等领域都有非常广泛的应用。同时，基于位置服务在民用应急救援指挥中也被广泛应用，美国的 E911 系统就是最大的基于位置服务的应急处理系统。在我国，基于位置服务也广泛应用于应急救援中。比如，汶川大地震发生后，国家加快了全国应急系统的建设，这种基于北斗系统进行定位、基于 GIS 进行可视化监控、基于手持设备进行报警与跟踪的系统也是典型的基于位置服务的系统。

（二）交通运输

现代交通网络发达，包括水路运输、铁路运输、公路运输、航空运输等多种模式，各种运输设备数量庞大，造成交通的管理与调控异常复杂。基于位置服务在交通运输中的具体应用包括海上作业渔船的跟踪、铁路安全控制和监控系统、公路客运车辆乘客及危险物品监控、内河水运船舶调度系统等。

（三）导航跟踪

车载导航服务是传统的基于位置服务技术应用模式，已经得到了广泛的应用。智能移动终端设备的位置导航服务也是我国近年来开发的重点服务项目之一。基于手机导航的位置服务，不仅可以提供电子地图服务，还可以提供包括实时路况、3D 地图、实时天气、在线导航和周边资讯等多种信息的服务。同时，基于移动终端设备的导航服务边界非常宽泛，如周边地理位置的查询服务、同即时通信软件相结合提供的邻近用户交友服务等都可以归入这一类服务。

（四）生活助理

基于商业实体的具体位置，以及连续位置行程的轨迹可以为用户提供各种便利的服务。比如交通部门通过跟踪公交车辆的实时行驶信息，可以预测每辆公交车辆到达公交站点的时间。乘客/用户通过出租车的轨迹信息，可以发现最容易打到出租车的位置。商家通过将促销信息和具体的位置区域相关联，可以更加有针对性地向附近的潜在用户发送打折、促销信息。这种生活服务多种多样，并且新的模式还在持续不断地被设计出来，是一个充满生机的研究、创业领域。

（五）社交网络

基于位置的社交网络（Location-Based Social Networks，LBSN）服务通过整合社交元素和位置信息，帮助用户寻找朋友的位置和关联信息，从而将现实世界的物理位置和虚拟世界的社会关系联系起来，提升用户参与的兴趣和商家的盈利能力。同时，LBSN可以记录用户的活动序列、行为轨迹，通过和外部地理信息进行整合，帮助用户与外部世界创建更加广泛和密切的联系，提供更加智能化、个性化的服务。

（六）智慧城市

建设智慧城市需要掌握充足的数据，并将其作为规划和设计依据。而基于位置服务系统会产生大量的车辆或用户的实时、历史位置信息，这些信息中隐含着大量有价值的知识，比如城市人群的迁移模式、城市交通的拥堵状况、商业区域的人流变动等。这些信息可以有效地指导城市交通系统建设和城市功能布局。这种智能化的基于位置服务系统可以让城市变得更加智能。

任务评价

单位：分

类　别	序　号	考核内容及要求	分　值	学生自评分数	教师评价分数
任务内容	1	LBS技术的内涵	10		
	2	LBS技术的主要特点	10		
	3	LBS系统的组成	20		
	4	LBS技术的典型应用	20		
学习态度	1	课前自主预习	10		
	2	积极参与课堂活动	20		
	3	认真完成课后作业	10		

项目二 移动商务技术

任务五 云计算、大数据与物联网技术

任务描述

云计算、大数据与物联网技术被称为信息产业第三次浪潮中的3朵浪花,现在已经广泛而深入地影响到我们工作、生活、学习的方方面面。本任务将阐述云计算、大数据和物联网技术的概念和特点,介绍它们的应用场景,为了解移动商务的未来发展方向做好知识储备。

任务实施

一、云计算技术

(一)云计算的概念

1996年,康柏公司的一群技术主管在讨论计算业务的发展时,首次使用了"云计算"一词。2006年8月9日,时任谷歌首席执行官的埃里克·施密特在搜索引擎大会上首次描述了谷歌的云计算概念。

"云"实质上就是一个网络。云计算是通过网络进行的一种服务的交互和使用模型。它是由规模经济推动,为互联网上的外部用户提供一组抽象的、虚拟化的、动态可扩展的、可管理的计算资源能力、存储能力、平台和服务的一种大规模分布式计算的聚合体。也就是说,云计算将与IT相关的能力以服务的方式提供给用户,允许用户在不了解提供服务的技术、没有相关知识及设备操作能力的情况下,通过网络获取服务。

其实,云计算的本质就是对传统信息系统各功能的分解和再造。它通过组建由大量计算机、存储空间构成的硬件资源池,使用虚拟化技术对硬件资源池进行虚拟和分配,使得各类用户可在任意时间和地点通过网络远程自行管理和使用自己资源池内的计算功能、存储空间,获得信息服务或个性化软件服务,并按使用/获得量付费(见图2-18)。

图 2-18　云计算

未来，随着云计算技术的发展和网络安全防护能力的提升，企业甚至可以不单独实施信息化建设，通过网络完全依靠云计算技术就可以提供信息服务。

（二）云计算的特点

云计算具有以下 5 个典型特点。

1. 资源聚合，规模庞大

云计算将大规模的分散计算资源和存储资源聚合起来，共同支撑用户完成各种计算任务并满足存储需求。

云计算中心一般都有相当大的规模。云计算整合海量的服务器集群，将服务器集群作为整体进行计算机节点部署，可以提供巨大的计算能力和强大的存储性能，并且可以根据实际情况对这个集群进行灵活的扩展。

2. 虚拟化技术

云计算基于物理服务器为用户提供虚拟化的服务器，以提高资源利用率。虚拟化突破了时间、空间的界限，是云计算最为显著的特点。虚拟化技术使得云计算可以在物理平台与应用部署的环境没有任何空间联系的情况下，通过虚拟平台对相应的终端操作完成数据备份、迁移和扩展等。另外，云计算的虚拟机之间相互隔离，提高了安全性。

3. 按需使用，按量计费

云计算拥有庞大的虚拟化资源池，使得计算能力可以被作为一种公共资源来使用。云计算平台可以为用户提供灵活而富有弹性的服务，同时可以满足用户对种类资源的需求，并且资源需求响应快速。而且，云计算是一项可计量的服务，云计算资源的使用情况可以通过云计算系统检测、控制、计量，以自动控制和优化资源使用。云计算平台的用户可通过自主方式获得服务门户，按照需要购买计算资源并按照使用量付费。

4. 高可靠性，高扩展性

云计算利用数据多副本备份、资源监控等措施保障系统的高可靠性。云计算技术使得服务器可以相对方便、简单地进入和退出云端。云的规模可以根据用户的实际需要动态调整和伸缩，从而使得计算规模可以快速扩大或缩小，计算能力可以快速、弹性获得。

5. 高利用率，高性价比

云计算通过资源聚合等方式使服务器资源得到充分利用，通过IT资源和按需使用的商业化模式，大幅降低硬件成本和软件服务成本。用户不再需要昂贵、存储空间大的主机，实现了使用更少的资源获得更多的服务的愿望。

（三）云计算的服务类型

通常，云计算的服务类型分为3种，基础设施即服务（IaaS）、平台即服务（PaaS）和软件即服务（SaaS）。云计算的3种服务类型比较，如图2-19所示。

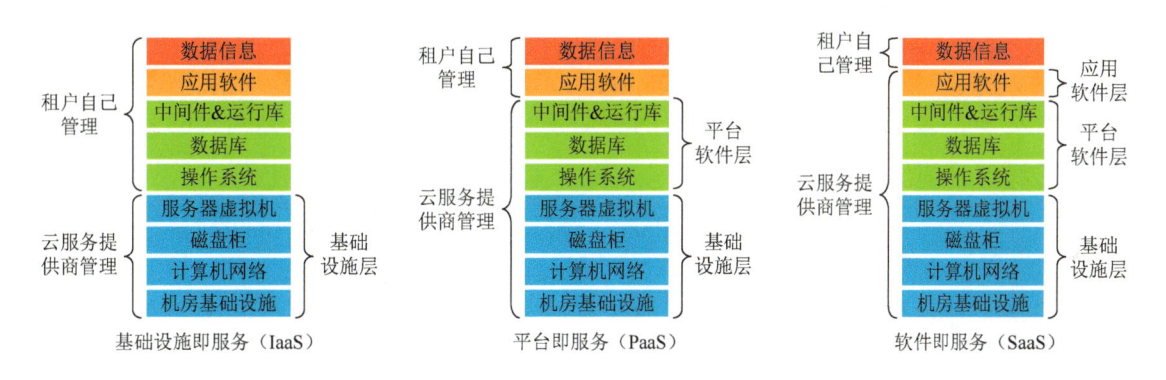

图2-19 云计算的3种服务类型比较

1. 基础设施即服务

基础设施即服务是主要的服务类型之一，云计算提供商向个人或组织提供虚拟化计算资源，如提供存储、网络和防火墙等虚拟化的硬件资源，支持用户动态申请、释放资源。

2. 平台即服务

平台即服务是一种服务类型，为开发人员提供通过全球互联网构建应用程序和服务的平台。这种服务类型强调平台的概念，提供操作系统、编程环境、数据库、中间件和Web服务器等作为应用开发和运行的环境。用户可以在此环境下开发、部署和运行各种应用。

3. 软件即服务

软件即服务通过互联网提供按需软件付费应用程序，云计算提供商托管和管理软件应用程序，允许其用户连接到应用程序并通过全球互联网访问应用程序。这种服务类型提供立即可见的软件或功能服务模块，如企业资源规划和客户关系管理等。

（四）云计算的部署模型

云计算的部署模型，主要包括公有云（Public Cloud）、私有云（Private Cloud）、社区云（Community Cloud）和混合云（Mixed Cloud）。

1. 公有云

公有云是一种公开在外网、可被普通公众使用的云平台。公有云将云底层基础设施作为服务提供给一般公众或各行业使用，并将云计算作为一种服务提供给客户。例如阿里云提供云主机，面向所有的用户提供服务。

2. 私有云

私有云是针对独立用户或机构组织而搭建的云平台。私有云的云底层基础设施专门为某个用户搭建，以实现对数据的安全性和服务质量最有效的控制。

3. 社区云

社区云是多个集体或组织为谋求共同利益，进行基础设施共享所创立的云平台。社区云的云底层基础设施结合社区用户的共性需求，由若干个组织共享使用。

4. 混合云

混合云是企业在使用公有云计算框架的基础上，将资源保存在企业内部数据库的云平台。混合云的云系统基础设施由两个及以上云计算的部署模型组成，通过标准的或特定的技术连接，以达到数据和应用可移植、云间负载平衡等目标。

（五）丰富多彩的云应用

云计算具有规模庞大、高扩展性、高性价比和服务灵活等诸多优点，可以将创新带到行业前沿，能够使人们在更短的时间内完成更多的工作，是运输和存储系统的首选。目前，云计算已被广泛应用于教育、医疗、交通、政务、游戏、生物科学、媒体、汽车、物流等行业，形成了丰富多彩的云应用。

1. 云存储

云存储是以云计算技术为基础发展起来的一种新的存储技术。云存储是一个以数据存储和管理为核心的云计算系统。用户可以将本地的资源上传至云端，所以他们可以在任何地方连入互联网来获取云上的资源。云存储向用户提供存储容器服务、备份服务、归档服务和记录管理服务等，大大方便了用户对资源的管理。

2. 云医疗

云医疗是使用云计算技术来创建医疗健康服务"云"，旨在提高医疗水平和效率、降低医疗开支，实现医疗资源共享，扩大医疗范围，以满足广大人民群众日益提升的健康需求的一项全新的医疗服务。云医疗包括云医疗健康信息平台、云医疗远程诊断及会诊系统、云医疗远程监控系统及云医疗远程教育系统等。例如，现在医院的预约挂号、电子病历、远程会诊等都是云计算与医疗领域结合的产物。云医疗还具有数据安全、信息共享、动态扩展、布局全国的优势。远程医疗画面如图 2-20 所示。

图 2-20　远程医疗画面

3. 云办公

云办公的原理就是把传统的办公软件以客户端或智能客户端的形式运行在网络浏览器中，从而达到轻量化的目的。云办公可以降低企业的办公成本，提高办公效率，方便协同工作等。

4. 云金融

云金融，是指利用云计算的模型，将信息、金融和服务等功能分散到由庞大的分支机构构成的互联网"云"中，旨在为银行、保险和基金等金融机构提供互联网处理和运行服务，同时共享互联网资源，从而解决现有问题并且达到高效、低成本的目标。正是因为金融与云计算的结合，如今用户只需要在手机上简单操作，就可以完成银行存款、购买保险和基金买卖等事项。

5. 云教育

云教育是基于云计算商业模式的教育平台服务。云教育可以将所需要的任何教育硬件资源虚拟化，然后将其传至互联网，以向教育机构和学生、老师提供一个方便快捷的平台。在平台中，各种资源相互展示和互动，按需交流，达成意向，从而降低教育成本，提高效率。云教育应用包含建设大规模共享教育资源库、构建线上新型图书馆、打造教学科研"云"环境、创建网络学习平台等。现在流行的慕课就是云教育的一种应用。

6. 云政务

云政务，又称电子政务云，即通过云计算对政府的管理和服务职能进行精简、优化、整合，通过信息化手段在政务上实现各种业务的办理和职能服务，为政府各级部门提供可靠的基础 IT 服务平台等。

除上述云应用之外，还有云游戏、云商务、云会议、云社交、云交通、云制造等。未来，在政策持续力挺、市场需求不断提升的大环境下，云计算仍可保持高速增长，云应用的市场前景将更加广阔。

二、大数据技术

（一）大数据的概念

在过去十几年中，各个领域都出现了大规模的数据增长，而各类仪器、通信工具及集成电路行业的发展也为海量数据的产生与存储提供了软件条件与硬件支持。大数据，这一术语正是产生在全球数据爆发式增长的背景下，用来形容庞大的数据集合的。

大数据，又称巨量数据或海量数据，是以容量大、类型多、存取速度快、价值密度低为主要特征的数据集合，正快速发展为对数量巨大、来源分散、格式多样的数据进行采集、存储和关联分析，从中发现新知识、创造新价值、提升新能力的新一代信息技术和服务业态。

可以看出，大数据是一个综合的概念，它有两层含义：从狭义上来讲，大数据是一个规模很大的数据集合，具有容量大、类型多、存取速度快、价值密度低等区别于传统数据的特征；从广义上来讲，大数据不仅是海量的数据集合，还是一种对海量数据进行采集、存储、分析和可视化处理与呈现的信息技术和服务业态。大数据技术主要包括大数据采集技术、大数据存储与管理技术、大数据分析技术和大数据可视化技术。

（二）大数据的特点

IBM 提出，大数据具有"5V"特征：大量（Volume）、快速（Velocity）、多元（Variety）、价值（Value）、真实（Veracity）。

1. 大量

大量，是指数据规模庞大。大数据采集、存储和计算的数据量规模都非常庞大。麦肯锡的研究报告指出，大数据的起始计量单位至少是 PB。正常的计算机处理 1GB 数据需要 4 分钟的时间，处理 1TB 数据需要 3 个小时的时间，而处理 1PB 数据需要 4 个月零 3 天的时间。存储容量计量单位的换算关系，如图 2-21 所示。

```
1 Byte = 8 bit
1KB  = 1,024 Byte  = 8192 bit
1MB  = 1,024 KB    = 1,048,576 Byte
1GB  = 1,024 MB    = 1,048,576 Kilobyte
1TB  = 1,024 GB    = 1,048,576 Megabyte
1PB  = 1,024 TB    = 1,048,576 Gigabyte
1EB  = 1,024 PB    = 1,048,576 Terabyte
1ZB  = 1,024 EB    = 1,048,576 Petabyte
1YB  = 1,024 ZB    = 1,048,576 Exabyte
1BB  = 1,024 YB    = 1,048,576 Zettabyte
1NB  = 1,024 BB    = 1,048,576 Yottabyte
```

图 2-21　存储容量计量单位的换算关系

2. 快速

快速，是指大数据增长速度快、处理速度快、时效性要求高。大数据时代，数据不仅是"大数据"还是"快数据"，增长速度非常快。有研究表明，2020 年全球数据产生量达到 50.5ZB，较 2019 年同比增长 25%。IDC 中国预测，2025 年中国大数据产生量有望增长至 48.6ZB，2018—2025 年的年复合增长率将达到 30.35%。大数据技术通过大规模的服务器集群对"快数据"流进行极其高速的处理，处理 1PB 的数据不到 1 秒就可以实现。

3. 多元

多元，是指大数据的种类多样化、来源多元化。大数据包括结构化、半结构化和非结构化数据。随着互联网和物联网的发展，又扩展到网页、社交媒体、感知数据，涵盖音频、图片、视频、模拟信号等，真正诠释了数据的多元化，也对数据的处理能力提出了更高的要求。大数据的来源非常广泛，如信息管理系统、网络信息系统、物联网系统、科学实验系统等。

4. 价值

价值，大数据的数据价值隐藏在海量数据之中，往往表现为数据价值高但价值密度低的特点。随着数据量的增长，数据中有意义的信息却没有成相应的比例增长。比如，监控系统的视频数据，在 24 小时不间断的监控过程中，可能对人们有帮助的视频时长只有几秒。

随着互联网及物联网的广泛应用，信息感知无处不在，信息量虽大，但价值密度较低，如何结合业务逻辑并通过强大的机器算法来挖掘数据价值，是大数据时代最需要解决的问题。

5. 真实

真实，是指数据要真实准确。大数据中的内容是与真实世界中发生的事情息息相关的，要保证数据的准确性和可信赖度。研究大数据就是从庞大的网络数据中提取出能够解释和预测现实事件的一个过程。获取的数据真实、准确是大数据能够解释结果和预测未来的前提。

（三）大数据的应用

1. 大数据的广泛应用

维克托·迈尔·舍恩伯格教授在《大数据时代》一书中写道："数据，正在改变甚至颠覆我们所处的整个时代。"如今，零售、金融、汽车、餐饮、电信、能源、政务、医疗、体育、娱乐等各行各业都已经融入了大数据的印记。大数据在各行各业中的应用，如表 2-2 所示。

表 2-2 大数据在各行各业中的应用

行 业	大数据的主要应用
制造业	利用工业大数据可以提升制造业水平，包括产品故障诊断与预测、分析工艺流程、改进生产工艺、优化生产过程能耗、工业供应链分析与优化、生产计划与排程
金融业	在高频交易、社交情绪分析和信贷风险分析三大金融创新领域发挥重要作用
汽车行业	利用大数据和物联网技术开发无人驾驶汽车
互联网	借助于大数据技术，可以分析用户行为，进行产品推荐和有针对性的广告投放
餐饮业	利用大数据可以实现餐饮 O2O 模式
电信业	利用大数据技术可以实现用户离网分析，及时掌握用户离网情况，出台用户挽留措施
能源行业	电力公司可以掌握海量的用户用电信息，利用大数据技术分析用户用电模式，可以改进电网运行，合理地设计电力需求响应系统
物流行业	利用大数据可以优化物流网络、提高物流效率、降低物流成本
城市管理	利用大数据可以实现智慧交通、环保监测、城市规划和智能安防
生物医学	利用大数据可以实现流行病预测、智慧医疗、健康管理、解读 DNA
体育娱乐	利用大数据可以帮助训练球队、决定投拍哪种题材的影视作品、预测赛事结果等
安全领域	政府可以利用大数据技术构建起强大的国家安全保障体系，企业可以利用大数据抵御网络攻击，警察可以借助大数据来预防犯罪
个人生活	利用与每个人相关联的"个人大数据"，分析个人生活行为习惯，为其提供更加周到的个性化服务

2. 大数据在移动商务中的应用

移动商务将互联网行业与零售行业相结合，大数据对移动商务的重要性不言而喻。大数据在移动商务中的应用，具体体现在以下几个方面。

（1）大数据使移动商务提供的产品和服务更加个性化。

企业利用大数据能够全面了解用户的相关信息，将用户的信息作为参考对象而提供一对一的产品和服务。同时大数据的出现使电子商务的运营模式和理念在一定程度上发生变化，企业更加关注用户动态及意向，能够以用户为核心，开发出更具有个性的产品和服务。

（2）大数据使在线营销更加实时与精准。

大数据时代，移动商务企业借助大数据分析用户成为可能。商家通过大数据分析可以了解用户画像和用户的具体特征，从而有针对性地实时推送相关产品和服务的信息，使得营销更加实时与精准。

（3）利用大数据提供新型增值服务模式。

大数据时代的到来给移动商务带来了新的发展空间。以阿里巴巴为例，它在传统电商业务的基础上，又进一步整合了饿了么、飞猪和高德地图等，使得整个阿里巴巴大数据囊括了购买、兴趣、支付、搜索等多方维度，成为真正意义上的大数据平台，进而提供芝麻信用等各种增值服务。

（4）大数据促使用户更加关注隐私与安全。

大数据时代，相关技术能够记录用户的网页历史浏览记录及线上交易情况，还能够定位用户的位置，有些软件还会要求读取用户信息及通讯录的权限，给用户带来潜在的威胁。因此，移动商务用户更为担心自身的隐私泄露和财产安全。保护用户的信息安全，是大数据时代移动商务亟待解决的问题。

三、物联网技术

（一）物联网的概念

1999年，物联网的概念被首次提出。现在，物联网已经是新一代信息技术的重要组成部分。

顾名思义，物联网就是一个将所有物体连接起来所组成的物与物相连的互联网络。具体来说，物联网是通过使用射频识别、传感器、红外感应器、全球定位系统、激光扫描器等信息采集设备，按约定的协议，把物品与互联网连接起来，进行信息交换和通信，以实现智能化识别、定位、跟踪、监控和管理的一种网络。

物联网的本质就是物物相连的互联网。它包括两层含义：第一，物联网的核心和基础仍然是互联网，是在互联网基础上延伸和扩展的网络；第二，物联网的用户端延伸和扩展到了任何物品与任何物品之间，能够实现物物相连、物物相息，进而对物品实行控制和管理。

（二）物联网的主要特点

物联网具有以下 6 个主要特点。

1. 感知识别普适化

感知识别普适化，是指感知和识别技术被普遍应用到很多物品之上。无线射频识别、传感、定位和二维码等技术的飞速发展和广泛应用，使得随时随地对物品进行信息采集和获取成为可能。无处不在的感知和识别已经将物理世界信息化，将传统上分离的物理世界和信息世界高度融合。

2. 联网终端规模化

联网终端规模化，是指接入互联网的终端设备规模庞大。物联网时代的一个重要特征是"物品联网"，即物联网时代每一件物品均具备通信功能，能够成为网络终端。物物相连，形成大规模的联网终端。据全球移动通信系统协会预测，2025 年全球物联网终端连接数量将达 250 亿个。

3. 异构设备互联化

异构设备互联化，是指不同结构、不同类别、不同规格等的各种终端设备能够实现互联互通。尽管软件平台和硬件平台千差万别，各种异构设备，即不同型号和类别的 RFID 标签、传感器、手机和笔记本电脑等，利用无线通信模块和标准通信协议实现自组成网，异构网络通过网关实现互通互联。

4. 管理服务智能化

管理服务智能化，是指通过物联网进行的管理和服务将更为智能。物联网高效、可靠地组织大规模数据，为上层行业应用提供智能的支撑平台。与此同时，运筹学、机器学习、数据挖掘、专家系统等决策手段将广泛应用于各行各业，使得管理服务呈现智能化发展趋向。

5. 应用服务链条化

应用服务链条化，是指应用物联网提供服务会呈现一条龙、链条化的发展趋势。链条化是物联网应用的重要特点。以工业生产为例，物联网技术覆盖从原材料引进、生产调节、节能减排、仓储物流到产品销售、售后服务等各个环节。物联网技术在一个行业的应用还能带动与该行业相关的上下游产业，最终服务于整个产业链。

6. 经济发展跨越化

经济发展跨越化，即物联网可助推经济发展方式的转变，促进国民经济实现跨越式发展。物联网技术有望成为劳动密集型向知识密集型、资源浪费型向环境友好型国民经济发展过程中的重要动力。

（三）物联网的应用

物联网已经应用在工业、医疗、农业领域，包括物流、交通、电网、环保、消防、家居生活等方方面面，为我们带来了各种便利。随着物联网技术的不断发展和成熟，未来物联网将给生活带来革命性的变化。物联网应用的主要场景有以下几个。

1. 智慧城市

物联网技术的发展既是信息技术的一大变革，对未来智慧城市的建设及发展也起着难以估量的作用。随着物联网技术的快速发展演进，物联网技术已经天然地融入智慧城市应用建设中，加速驱动智慧城市建设。智慧城市中的"智慧+"应用，如图2-22所示。

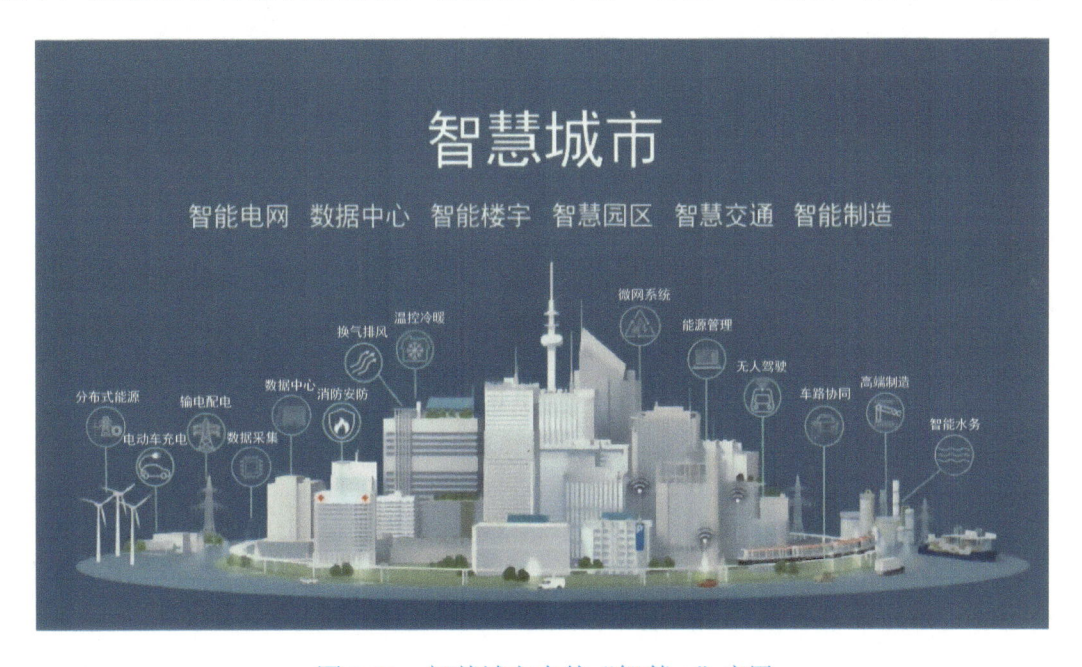

图2-22 智慧城市中的"智慧+"应用

2. 智慧交通

通过在基础设施和交通工具中广泛应用信息、通信技术来提高交通运输系统的安全性和可管理性，提高运输效能，降低能源消耗，减少对地球环境的负面影响。

3. 智能物流

现代物流系统希望利用信息生成设备，如RFID设备、感应器或全球定位系统等种种装置与互联网结合起来而形成一个巨大网络，并能够在这个物联化的物流网络中实现智能化的物流管理。

4. 智能建筑

物联网技术为绿色建筑带来了新的发展契机。通过建立以节能为目标的建筑设备监控网络，将各种设备和系统融合在一起，形成以智能处理为中心的物联网应用系统，有效地为建筑节能减排提供了有力支撑。

5. 环境监测

相关部门通过对人类和环境有影响的各种物质的含量、排放量及各种环境状态参数的监测，跟踪环境质量的变化，确定环境质量水平，为环境管理、污染治理、防灾减灾等工作提供基础信息、方法指引和质量保证。

任务评价

单位：分

类别	序号	考核内容及要求	分值	学生自评分数	教师评价分数
任务内容	1	云计算的概念和特点	10		
	2	云计算的服务类型和部署模型	10		
	3	丰富多彩的云应用	5		
	4	大数据的概念	5		
	5	大数据的特点	5		
	6	大数据的应用	10		
	7	物联网的概念	5		
	8	物联网的主要特点	5		
	9	物联网的应用	5		
学习态度	1	课前自主预习	10		
	2	积极参与课堂活动	20		
	3	认真完成课后作业	10		

学以致用

一、单项选择题

1. 以下不属于移动终端设备的是（　　）。

　　A. 平板电脑　　B. POS机　　C. 键盘　　D. 智能手机

2. （　　）操作系统具有开放性的特点。

　　A. 安卓　　　　B. 苹果　　　　C. 黑莓　　　　D. 微软

3. （　　）是移动操作系统设计领域的领导者。

　　A. 安卓　　　　B. 苹果　　　　C. 黑莓　　　　D. 微软

4. （　　）实现了信息的单向和双向交流。

　　A. 二维码　　　B. RFID　　　　C. 一维码　　　D. NFC

5. NFC 技术的传输距离一般限制在（　　）以内。

　　A. 10 厘米　　　B. 50 厘米　　　C. 10 米　　　　D. 300 米

6. 蓝牙技术的发展大概经历了（　　）个阶段。

　　A. 6　　　　　　B. 3　　　　　　C. 4　　　　　　D. 5

7. 以下（　　）不属于蓝牙技术的特点。

　　A. 抗干扰能力强　　　　　　　　B. 体积小，便于合成

　　C. 工作频率为 13.56MHz　　　　 D. 功耗低

8. （　　）是多个集体或组织为谋求共同利益，进行基础设施共享所创立的云平台。

　　A. 公有云　　　B. 社区云　　　C. 混合云　　　D. 私有云

9. 无处不在的感知和识别已经将物理世界信息化，体现了物联网的（　　）特点。

　　A. 感知识别普适化　　　　　　　B. 异构设备互联化

　　C. 管理服务智能化　　　　　　　D. 应用服务链条化

10. 监控系统的视频数据，在 24 小时不间断的监控过程中，可能对人们有帮助的视频时长只有几秒，这体现了大数据的（　　）特征。

　　A. 大量　　　　B. 多元　　　　C. 价值　　　　D. 快速

二、简答题

1. 移动终端设备有哪些技术特征？
2. 什么是二维码？
3. NFC 技术的特点是什么？
4. 简述蓝牙技术的特点。
5. LBS 技术的含义。
6. 常用的定位技术有哪些？
7. 什么是云计算？
8. 大数据有哪些特点？

三、案例分析题

2014年，阿里巴巴全资收购高德地图。阿里巴巴CEO在2019年投资者大会上表示，地图与导航应用不仅与个人用户相关，还与大量基于位置服务、商家服务密切相关，随着5G、LOT时代的到来，高德地图对阿里巴巴未来的发展有重要意义。

2016年10月，阿里巴巴宣布，将旗下旅行品牌"阿里旅行"升级为全新品牌"飞猪"，旨在通过互联网手段，让用户获得更自由、更具想象力的旅程。

2018年4月，阿里巴巴全资收购饿了么，将其与口碑合并，共同组成阿里巴巴本地生活服务公司。集合饿了么和口碑在本地资源、即时配送、商家服务和用户洞察等方面的优势，打通了"到家"和"到店"两个场景。时任阿里巴巴CEO的张勇在悉尼举办的谈话类节目"阿里巴巴之夜"中谈到，外卖只是一个窗口，是阿里巴巴本地生活服务的一个开端。本地生活服务，需要一张本地的即时配送的网络，这既是外卖，也是阿里巴巴对新零售即时配送服务的布局。

亿邦动力网在报道中对阿里巴巴本地生活服务的布局总结为：通过"自有+投资"的方式建立起阵容强大的移动产品家族，完成"寻找优惠—地理定位—移动支付—社交分享"整个本地生活服务链条的布局。

2021年7月2日，时任阿里巴巴董事会主席兼CEO张勇发出全员信，宣布了组织架构升级的决定：将基于地理位置服务，形成包括本地生活、高德和飞猪在内的生活服务板块；成立新的天猫超市和进出口事业群。

在阿里巴巴布局移动业务，为占领本地生活服务领域耕耘的十多年，竞争者层出不穷，前有大众点评网、美团、糯米等，后有短视频平台和抖音。

高德、飞猪提供的服务都属于生活服务的范畴，和本地生活服务板块的业务有重叠。阿里巴巴将这几个板块进行合并，可以减少因部门藩篱造成的内耗和重复建设，提高效率。这可能是阿里巴巴应对美团、携程、58同城等竞争对手的举措，也从侧面透露出该领域竞争的加剧。

请回答：

1. 案例中高德地图、饿了么和飞猪等本地生活服务都与LBS技术密切相关，什么是LBS技术？

2. 除了案例中的情况，LBS技术还可以应用在哪些方面？

3. 案例中所提到的LOT时代是什么意思？会给我们的生活带来怎样的变化？

知识拓展

随着智能手机的普及和移动商务的发展，扫描二维码成为人们获取信息的便捷方式。用户需要获取更加完善的零售企业和商品的信息。企业也需要通过线上线下立体式的商品宣传和营销活动来获得用户的认可，企业与用户之间沟通的瓶颈亟待突破。

一、商品二维码诞生背景

二维码在零售行业应用初期，由于没有标准可循，出现了一系列的混乱现象。

（1）编码标识不统一。编码数据结构由各个供应商或服务商自行编写，造成一物多码，识读困难。

（2）碎片化严重。互联网服务商或企业发现非本公司二维码时，就对其进行屏蔽或不跳转，造成平台壁垒或信息重复，影响用户体验。

（3）二维码安全问题。二维码复制成本低、技术开放，有时会被不法分子植入恶意网站、钓鱼链接等，失去用户信任。

二、《商品二维码》国家标准

由中国物品编码中心、互联网公司及行业专家一同编写制定的 GB/T 33993—2017《商品二维码》国家标准，对于规范我国开放流通领域二维码的应用，搭建二维码的良好生态系统，起到了支撑和引领作用，为有效整治二维码使用乱象打下了基础。

三、助力零售未来发展

（1）安全且唯一的二维码。

商品二维码由编码中心统一分配和管理，满足 GS1（Global Standard 1）国际标准，可保证每种商品拥有一个合法、公认且全球唯一的二维码。

（2）避免一物多码。

编码数据结构灵活，通过一码链接多个网址，扩展编码信息，提升包装美观度。

（3）实现追溯和防窜货功能。

强大的承载功能可精细到"一批一码""一物一码"，帮助零售企业实现单品追溯和防窜货功能。

（4）拓宽销售渠道。

商品二维码默认承载零售商品条码信息，不仅可以兼容传统零售现有的 POS 系统、ERP 系统及销售管理系统，还可与电商平台对接，实现跨平台、跨系统的全网应用，助力零售企业数字化转型。

（5）直面用户。

商品二维码可为生产企业或零售企业与用户架起沟通桥梁，打破企业只能面对经销商或分销商的现状，进行全网数据统计分析，了解消费需求。

四、带来全新购物体验

通用且唯一的商品二维码能兼容线上线下各类应用，一码绑定多种服务，满足政府、企业、用户对商品二维码追溯、防伪等不同场景的应用需求。

商品二维码能够更好地满足消费需求，提高企业效益，为零售企业数字化转型提供强力支持，为零售行业注入新活力。

项目三 移动商务 App

项目描述

随着智能手机和 iPad 等移动终端设备的普及,人们逐渐习惯了使用 App 客户端上网的方式,而且目前国内各大电商均拥有了自己的 App 客户端。这标志着 App 客户端的商业使用已经开始初露锋芒。不仅如此,随着移动互联网的兴起,越来越多的互联网企业、电商平台将 App 作为销售的主战场之一。通过 App 进行盈利也是各大电商平台的发展方向。本项目旨在了解移动商务 App 的特点、发展趋势,分析并掌握移动商务 App 的营销策略。

【学习目标】

➡ 素质目标

1. 提高信息安全防范意识,提升安全防护责任感;
2. 践行吃苦耐劳的劳动精神和精益求精的工匠精神;
3. 培养学生诚实守信的传统美德;
4. 培养创新创业素质、团队合作意识和团结精神。

➡ 知识目标

1. 了解移动商务 App 的概念;
2. 了解移动商务 App 的类型;
3. 掌握移动商务 App 的营销策略。

能力目标

1. 能够分析移动商务 App 的类型，并在营销环境中进行应用；
2. 能够针对不同情况，分析移动商务 App 的营销策略。

案例导入

2015 年拼多多成立，仅两年，拼多多的发展就超过了许多电子商务平台，成为国内第三大电子商务平台。2019 年，拼多多订单包裹数突破 197 亿个。拼多多采用邀请好友的方法，多次触达其他用户，提高拼多多 App 的"刷屏"次数。通过满足用户的利益、需求等刺激用户采取行动，如浏览、下单、分享、晒单等，并及时奖励，提高用户参与其他活动的概率和活跃度。随着直播电子商务的兴起，为缓解直播电子商务带来的压力，拼多多加强对产品质量问题的监管、处罚力度，并针对品牌产品推出"百亿补贴"，发力品牌营销并向高线用户渗透。此外，拼多多还在 2019 年 11 月上线直播，在 2020 年 2 月推出了"拼小圈"，深化社交建设和用户使用拼多多的习惯；2020 年 8 月，拼多多加码社区团购，通过数据、流量等加强生鲜、日用百货等品类的优势，增强用户黏性。拼多多率先推出"社交＋电子商务"模式，并通过该模式成为国内电子商务平台的佼佼者。拼多多利用低价、拼购模式不断触达用户，并使用大数据分析用户的浏览历史，向用户推荐产品，增强用户黏性及提高自身的流量。如今，拼多多不仅有低价产品，还有品牌产品，并通过"百亿补贴"吸引了更多用户使用拼多多。

【案例思考】

结合拼多多案例的内容，谈一谈拼多多的营销策略是什么。

任务一 移动商务 App 概述

任务描述

我国电子商务类应用发展迅速，该领域在 App 客户端中整体上涨。其中，以手机购物 App 使用率增长最快，用户规模增长最多，因其可以随时随地为用户提供所需的服务、应用、信息和娱乐，同时满足用户及商家从众、安全、社交及自我实现的需求，使得人们对移动性和信息的需求急速上升，并且相比传统的互联网，移动互联网对商业格局的影响更大。通过本任务的学习，了解移动商务App的概念及特点，特别是对移动商务App分类的了解，有助于今后对移动商务App的深入学习。

任务实施

一、移动商务App的概念

App是英文单词Application的简称，是指安装在智能手机上的，由第三方制作的应用程序。移动商务App即移动应用服务，是由开发者开发，之后入驻应用商店或被上传到官网上，供用户搜索和下载到自己的手机上，然后进行使用的应用程序服务。移动商务App作为智能手机功能的扩展，因其使用起来非常便捷，受到越来越多用户的关注。由于iPhone等智能手机的流行，出现了一些App商店：Apple的iTunes商店、Android的Android Market、华为的AppGallery、小米的小米商城，以及微软的应用商城。

移动互联网时代，社会化网络、移动互联、数字化大潮的兴起，移动商务App营销快速发展，凭借着其低成本、强持续性和精准营销等突出优势，越来越被企业广泛应用，也被广大用户所接受。相对于传统的营销模式，App营销更加灵活和便捷，它依托于移动互联网，一方面，企业可以通过移动终端设备的App发布产品、推送广告、开展各种销售促进活动，强化企业品牌认知等；另一方面，用户能够打破时间和空间的限制，更灵活地展开自主订阅、信息获取、产品购买、体验分享等一系列活动，实现了企业与用户之间的全新互动，也推动了营销模式的创新和发展。

现在，越来越多的移动商务App进入人们的生活，无论是办公还是娱乐，购物还是学习，都离不开移动商务App。移动手机桌面如图3-1所示。

图3-1　移动手机桌面

二、移动商务App的特点

随着平板电脑、智能手机成为人们必不可少的生活元素，移动商务App也逐渐成为人们生活中必不可少的应用。移动商务App营销也将成为众多专业人士研究的对象,特别是对App的开发和推广。

移动商务App有以下特点。

1. 低成本

移动商务App营销的成本,相对于电视、报纸甚至网络广告都会低很多,只要开发适合品牌自身的应用和负担一些相关的推广费用即可,然而,这种移动商务App的营销效果是电视、报纸和网络广告所无法代替的。

2. 精准性

由于App都是用户主动下载的,这说明用户对品牌感兴趣。多数App都会提供分享到微博、微信等社交网站的功能,聚集具有相似兴趣的目标群体。同时,App还可以通过收集手机系统的信息、位置信息、行为信息等来识别用户的兴趣、习惯。

3. 互动性

App提供了比以往的媒介更丰富多彩的表现形式。移动终端设备的触摸屏有很好的操作体验,文字、图画、视频等一应俱全,实现了前所未有的互动体验。而且,App打开了人与人的互动通道,通过在其内部嵌入SNS平台,使正在使用同一个App的用户可以相互交流心得,在用户的互动和口碑传播中,提升用户的品牌忠诚度。

4. 创意性

App是一种新的工具、新的媒介、新的呈现方式,那么就不应该用传统互联网的思维方式来搭建,而应该多一些软件的思维,多一些用户体验,多一些对软件流程的考量,甚至多一些手机或平板电脑相结合的特性,这是创新创意的思维方式,也是App上市后得以吸引用户及媒体关注的主因。

5. 提升品牌实力

移动商务App可以提高企业的品牌形象,让用户了解品牌,进而提升品牌实力。良好的品牌实力是企业的无形资产,可以为企业带来竞争优势。

6. 超强的用户黏性

现代人无论去哪里都是手机不离身,一有空就会把手机拿出来玩。移动商务App营销抢占的就是用户的这种零散时间,而且只要用户不主动删除,App就会一直在用户的手机里,品牌就有了对用户不断重复、不断加深印象的机会。

三、移动商务 App 的分类

随着国内移动互联网的快速发展，智能终端设备日渐普及，成为百姓日常生活中的一部分，而搭载在手机、平板电脑上的 App 更是得到了大力发展，各种各样的 App 层出不穷。在不同的 App 商店里可能有成千上万个 App，那么，App 的类型有哪些呢？

按照其功能来划分，可以分为效率办公类、通信聊天类、视频音乐类、娱乐消遣类、生活实用类等。

（1）效率办公类。这类 App 包括笔记、办公工具、网盘存储、办公软件、邮箱等。该类 App 可以提供更好的办公条件，使人们处理工作上的事情相对来说比较方便。

（2）通信聊天类。这类 App 包括聊天、社交、婚恋、社区等。该类 App 可以进行网上聊天、社交。

（3）视频音乐类。这类 App 包括视频、音乐、铃声、电台 FM、播放器、直播、K 歌等。该类 App 可以下载音乐、观看视频、唱歌等。

（4）娱乐消遣类。这类 App 包括娱乐、笑话段子、星座运程、表情等。顾名思义，该类 App 为用户提供娱乐搞笑的段子或图片，可以释放学习、工作的压力。

（5）生活实用类。这类 App 包括生活服务、美食、天气、日历、实用工具、手电筒等。该类 App 旨在为出行、工作提供一个便捷的通道，给用户的生活提出建议与规划等。

（6）摄影美图类。这类 App 包括相机、图片美化、相册、图库拍视频等。该类 App 可以拍摄照片、视频，也可以美化照片、剪辑视频。

（7）新闻阅读类。这类 App 包括新闻资讯、报纸杂志、小说、漫画、听书等。该类 App 是传统书籍和刊物向移动电子的承接平台，主要特点是便捷、可以随时观阅，也是现在流行的阅读方式。

（8）购物优惠类。这类 App 包括商城、团购外卖、导购、电影、折扣特卖等。该类 App 可以直接在网上支付，实现在线购物与消费。

（9）金融理财类。这类 App 包括支付、银行、股票投资、彩票、记账等。该类 App 更多是将电脑端的数据搬到了移动端，打破了空间的限制，让金融服务更加方便。

（10）旅游出行类。这类 App 包括地图导航、酒店、火车、高铁、公交、地铁、出租车等。该类 App 为用户提供便捷的一体化的出行服务，包括在线预订、团购优惠等，如携程、铁路 12306 等。

按照应用载体的不同，可以将 App 分为网页 App 和移动商务 App。

（1）网页 App 是指需要在电脑的浏览器上加载运行的软件，依托浏览器程序语言和网页浏览器进行运作。网页 App 不需要专门下载，只需要在网页上单击在线加载就能够在原网页上获得更多的功能。

（2）移动商务App就是在智能手机、平板电脑及其他智能移动终端设备上运行的各种应用程序。随着各种移动终端设备的普及，移动商务App成为主流的应用程序。相比网页App，移动商务App的运营范围要广泛得多。

任务评价

单位：分

类别	序号	考核内容及要求	分值	学生自评分数	教师评价分数
任务内容	1	移动商务App的概念	10		
	2	移动商务App的特点	10		
	3	移动商务App的分类	20		
学习态度	1	课前自主预习	20		
	2	团队协作	20		
	3	积极完成任务	20		

任务二 移动商务App产品的规划与推广

任务描述

手机作为现代人生活中不可或缺的存在，已经深入人的生活中。在现在社会可以说没有手机，寸步难行。人手一部手机已经成为大部分人的标配。而由于手机的智能性、便捷性，App软件需求的市场逐渐扩大。在移动互联智能终端的发展下，App软件已经到达了井喷时期。通过本任务的学习，了解移动商务App的开发流程及推广策略，有助于不断创新移动商务App业务，创造营销价值。

任务实施

开发App产品的主要价值在于满足人们的某种需求。产品对用户的价值是产品得以立足的基础，也是一切商业行为的基础。用户体验并不局限在设计方面，用户的消费体验、使用体验、服务体验都从不同的侧面影响着品牌的形象。

一、App 软件开发流程

虽然产品不同，但是软件开发的流程是相同的。App 软件开发通常包括需求定位、设计规划、编写 UI、测试反馈、发布维护这 5 个阶段（见图 3-2）。

APP 软件开发流程

需求定位 → 设计规划 → 编写 UI → 测试反馈 → 发布维护

图 3-2　App 软件开发流程的 5 个阶段

1. 需求定位

用户需求是定位 App 产品研发的重要阶段，只有准确定位用户需求，才能开发出符合用户需求的软件。

如果一开始定位就有偏差，后续无论代码编写得多么简洁，界面设计得多么精美都没有用。大多数的用户对自己需求的想法比较抽象，因此在需求定位时需要制定一份完善的需求文档，了解用户的需求信息。只有了解用户的需求信息，才能准确地把握软件定位。由此可见，App 软件开发最为重要的一步就是收集用户需求，准确理解用户需求。

2. 设计规划

在收集用户需求、定位需求的基础上，根据用户需求来设计规划 App 软件。设计阶段包括 UI 界面设计与功能性的设计。在这个阶段需要根据用户需求来制作相应的设计图。这个设计图涵盖功能性结构、各分页界面、页面链接逻辑等。由此可见，设计规划是实现 App 开发不可或缺的一步。

3. 编写 UI

根据做好的设计规划编写 UI 阶段为实操阶段，也就是实际开发 App 软件的阶段。

UI 即 User Interface 的简称，翻译为中文就是用户界面，泛指用户的操作界面，包括软件程序、移动商务 App、网页、智能穿戴设备等，这些都需要通过 UI 来实现用户交互。UI 设计出色的话，能够让软件变得更有个性、更有品位，让用户对软件操作感到满意，同时能够让用户在操作软件时感到舒适、简单，充分体现出软件的定位和特点。

由此可以看出，这一阶段是 App 软件开发完成质量的保证期也是成果期，后期 App 使用的效果都依赖于这个期间的设计规划。

4. 测试反馈

测试反馈是在整体开发 App 软件后，进行测试的阶段。通过这一阶段的测试，会得到大量的数据，根据这些数据来调整 App 软件。这一阶段需要调动项目组内的所有人员参加。这个测试反馈阶段的重要性，与前期设计规划的重要性是相同的。

5. 发布维护

App 软件在进行测试反馈后进入发布期，也就是进入市场。市场是检验 App 的最有效的手段。通过大量的用户下载使用，找出漏洞，加载补丁维护 App。

二、App 功能性开发技术

目前，App 常见的有 4 种功能性开发技术，分别是 Web 页面加壳生成 App、Web 页面加原生混编、HTML 5 开发、原生态开发。

1. Web 页面加壳生成 App

Web 页面加壳生成 App 这种形式技术简单，操作方便，就是用现有的手机网站，进行加壳打包生成 App。

优点：

（1）可以低成本直接打包生成 App。

（2）只要有网站（网址），就可以打包生成 App。

（3）一包生成跨端 App。

（4）代码维护方便，版本更新灵活，不受原生限制。

缺点：

（1）用户手机体验差，可能会降低用户的信任度。

（2）编译出的效果不好，消耗流量，访问速度慢。

2. Web 页面加原生混编

Web 页面加原生混编比 Web 页面加壳生成 App 技术强一些。Web 页面与原生态编码两者混合，但是原生态代码占比较少，一般只有百分之二十。访问速度与效果优于 Web 页面加壳，但是如果不进行优化，只是简单地拼凑，做出来的效果与 Web 页面加壳生成 App 差不多。

3. HTML 5 开发

这种开发模式为的是节省成本，可以一次性开发适应多个平台的 App，iOS 和 Android 平台都可以用，后期维护也方便，效果也接近原生态开发，成本却可以降低三成左右。

4. 原生态开发

原生态开发使用 iOS 或 Android 官方的语言进行编译，是目前最常用和最成熟的开发方式。使用官方语言不会出现兼容性问题，但是重视细节成本会高。由于两个系统的语言不同，所以利用一款 App 上架两种平台，费用较高。原生态开发使用的编程语言是 Jave、C、C++，适合复杂的程序编写。

三、App 推广策略

1. 口碑塑造营销

在百度、360、搜狗等搜索引擎建立品牌词条，塑造 App 良好的口碑形象。在百度知道、搜搜问答、新浪爱问、知乎等问答平台建立问答，提升品牌热度。

2. 搭建自有官网营销

搭建官网进行品牌的宣传，并对网页进行搜索引擎优化（SEO 优化）。在符合搜索引擎规则的前提下优化自己的官网，让网页更加符合用户浏览体验与搜索引擎抓取，收录并获得排名，免费获得流量。

3. 应用商店推广营销

各大应用商店和下载站是用户 App 下载的主阵地，除了安装包下载，几乎所有下载量都来源于这些分发渠道。因此，首先要铺满这些商店和下载站，其中有一些免费资源可以争取，但大部分还是要靠 ASO 优化（App Store Optimization，应用商店优化）的。

4. 线下活动营销

线下活动营销也是一个不容忽视的流量池。发传单、门店互推合作等传统 App 线下形式依然行之有效。公交车、公交车站、电梯、城市广告牌等线下推广阵地曝光度高，分众效应强，可以精准投放广告给特定人群。

5. 新媒体营销

百家号、小红书、知乎等自媒体也有一定的曝光率，坚持写一些能给用户提供帮助的干货文章，尊重客观描述并自然地引出自己的 App。

6. 微信营销

公众号推广、"网络红人"、社群推广、私域流量精准引流等是用户标签非常清晰、目标用户集聚的重地，但是用户比较抵触广告。因此企业在做这方面的营销时必须与"大 V"

或"网络红人"建立深度合作，适当植入自己的品牌应用，拉近与潜在用户的距离，提高知名度。

7. 微博 KOL 营销

微博 KOL（Key Opinion Leader，关键意见领袖）能够发挥微博在覆盖面、话题热度和影响力方面的优势，KOL 粉丝黏性强，价值观各方面都很认同他们，所以 KOL 的推荐、分享、转发等，都是自带光环的，利用好微博 KOL 营销，能给 App 品牌宣传带来很好的推广效果。

8. 短视频营销

通过抖音、快手、西瓜视频、微视等短视频平台，优酷、爱奇艺综合视频门户进行营销。短视频营销还处于红利期，利用好短视频营销能给品牌带来很好的宣传效果。

任务评价

单位：分

类别	序号	考核内容及要求	分值	学生自评分数	教师评价分数
任务内容	1	App 软件开发流程	10		
	2	App 功能性开发技术	10		
	3	App 推广策略	20		
学习态度	1	课前自主预习	20		
	2	团队协作	20		
	3	积极完成任务	20		

任务三　移动商务 App 的营销策略

任务描述

随着互联网的发展和智能手机的普及，无线互联网让企业的营销从手段到平台有了质的提高，是企业营销的重要进步，智能手机终端不断深入营销过程，使得这些设备上的 App 被广泛关注和应用，移动商务 App 营销应运而生，被企业所青睐。对于企业而言，App 可以是产品手册，可以是电子体验，可以是社交分享，可以是公关活动，可以是在线购买，甚至是网络促销游戏等。移动商务 App 营销几乎可以把整个传统营销的所有流程重新在手机上演绎一遍。所以，移动商务 App 营销是可以为企业有效创造财富的新兴营销方式。通过本任务的学习，理解移动商务 App 的营销策略，有助于提升对移动商务 App 营销的理解。

任务实施

移动商务 App 是一种连接品牌与用户的工具，是品牌与用户之间形成消费关系的重要渠道，也是连接线上线下的天然枢纽。当今的市场竞争越来越激烈，营销策略是决定产品销售的重要环节，移动商务 App 的营销策略更是决定在当今市场竞争中营销成败的关键。企业在进行移动商务 App 营销的过程中，只有精准地把握用户心理，引发用户共鸣，才能最大限度地引导其参与其中，成功地实现营销。企业要想发展移动商务 App 营销，就要提升用户意识，为用户提供贴心、优质的服务，从而激发用户积极参与，加强与用户的互动反馈，增强用户黏性。

企业移动商务 App 营销的最终目的是让用户进一步了解品牌或产品，以建立起品牌与用户的情感关联。因此，移动商务 App 营销要注重有机地融合品牌元素，最终实现既提升品牌又促进销售的目的，对此可从以下 6 个策略入手。

一、品牌形象策略

传递个性化、有价值的品牌信息是移动商务 App 营销成功的关键，产品设计须十分贴合自身品牌定位，这样才能通过用户体验最终实现品牌形象与产品销量的提升。App 设计在贴合品牌定位的同时，应注意努力弱化商业元素，巧妙植入品牌信息，同时满足用户的好奇心，吸引用户持续关注，以此达到强化企业的品牌地位的目的。企业要利用 App 营销建立与用户的长期沟通和信任关系，并使用户对 App 产生一定的依赖感，增强用户对 App 的黏度。具体来说，可以从以下 3 个方面入手：第一，App 的 Logo 设计要在视觉感官上做到个性化，与企业品牌形象相符合，便于用户形成一定的品牌认知；第二，从感知用户需求角度出发整合 App 的功能，如一款旅游 App，只给用户提供旅游产品和服务的相关信息是不够的，用户通常还需要了解服务质量信息、用户体验信息、实时通知信息等，以增强用户的认知，增强用户对 App 的黏度；第三，利用新的创意来创新 App，丰富用户的使用体验。在 App 功能相关不多的环境下，用户黏度较低，用户的认知也较弱，因此，App 要不断创新，美化其运行界面，加入更加简洁和人性化的功能，以增强用户的认知和完善使用体验。

二、内容营销策略

一方面，通过移动商务 App 中的图片、内容、视频等用户感兴趣的内容引起用户关注，并且采用朋友圈分享、转发分享等方式来扩大信息的受众面，拓宽传播渠道，吸引更多的潜在用户；另一方面，从用户的真实需求出发，设计对用户而言具有独特价值和实用性的内容。比如以"你关心的，才是头条"为旗号的今日头条 App，以提供用户感兴趣的热点事件为切入点，构建社交化的资讯阅读应用平台，吸引用户广泛关注。在此平台上，通过广告植入的方式，给用户推送产品和服务的信息，有效地把人与信息连接起来，不仅扩大了广告的受众面，还拉动了用户的主动关注，实现了企业与用户的互动连接。

三、关系营销策略

本策略旨在使用户和企业通过 App 建立紧密联系，并通过建立用户对 App 的使用偏好和有效的互动交流，形成用户的偏好认知，建立良好的关系。目前 App 种类繁多，但很多同类 App 在用户手机上的使用时间都很短。如果没有形成特定偏好，用户通常使用几次之后就会毫不犹豫地卸载，更不要说建立良好关系了。对此，可以通过先入为主，增加 App 功能等来形成用户对 App 的使用偏好。首先，加大投放力度和拓宽投放渠道，形成先入为主的优势，优先建立用户的偏好认知。例如，淘宝 App 作为较早进入电子商务中的一款购物 App，进入市场之初就通过免费试用、各种渠道推广来吸引用户，由于具有先入为主的优势，目前在各类购物应用中已经形成了一个稳定的顾客群，与一大批用户建立了良好的关系。其次，App 的功能方面，在增强实用功能的同时，还应不断开发新功能，增加个性化需求服务，以适应用户多方面需求。例如，支付宝从最初的一种便捷的移动支付平台，转变为具有交友、信息服务、金融服务、生活服务等多重功能的应用平台，尤其是其第三方服务板块的引入，给支付宝用户带来了更大的便捷。

四、互动营销策略

从使用的角度来看，App 的操作界面应该更加便捷化，同时 App 营销中还应当根据不同的产品和服务特性推出不同的刺激购买和互动策略。根据 App 营销的对象不同，可以将其划分为低陷入性产品和高陷入性产品。低陷入性产品通常价格不高，功能和使用方法等比较简单、明了，如常见的生活用品等快速消费品。对于这类产品利用 App 展开营销时引起用户的购买冲动是关键环节，这时可以采用一些常规的促销手段在 App 上进行展示说明，比如限时低价、赠品、免费体验等。同时，可以采用一些简单的游戏互动来促使用户购买。比如拼多多推广的四大绝招——秒杀、拼团、砍价、红包小程序，无一不暗合了人性中少花钱、多受益的特点。推广只要能迎合用户痛点，也就无往而不利了。拼多多站内的很多活动，都很有游戏的性质，堪称"游戏式电商"的典范。比如拼多多的天天果园，重现了当年 QQ 农场的游戏模式，整个过程像一场全民网络游戏，这样用户就会有意愿参加和互动。

高陷入性产品通常价格比较高，功能和使用方面较复杂，用户一般不会轻易通过冲动购买来获取。这类产品在购买决策中，通过 App 的互动交流和大量的信息咨询与搜集是促成交易的重要因素。一方面可以通过 App 平台提供专业的咨询和交流，增强用户的正面认知；另一方面，用户会通过 App 平台中其他用户的评价与反馈来强化或弱化认知，比如其他用户的评价高，好评率高，这种正面认知会被进一步强化，最后促使用户产生购买行为，反之，购买行为无法实现。因此，对于高陷入性产品，利用 App 平台构建一个"正面认知—正面评价—促成购买"的互动循环路径是实现购买的关键。

五、口碑营销策略

在 App 平台中，口碑营销不单是购买后的评价传播过程，更是贯穿于整个购买过程的营销传播活动。潜在用户在利用 App 端的评价来做出自己的购买决策之后，也会通过自身的使用体验，形成自己的主观评价，同时在 App 端进行分享和传播。因此，每一次购买行为的发生既是购买的终点，又是另一次购买行为的起点。对此，一方面要利用 App 的搜索功能或其他专业的监测工具对用户的点评进行实时的监测，同时要对好评率、响应度、参与度等指标进行更新统计。在 App 营销中，用户的评价将会是一个很重要的决策依据，只有在用户评价和人人分享之间建立一个良性循环的口碑，才能实现更好的用户感知体验分享。因此，对于出现的差评应当及时处理和沟通，如果处理得当，用户形成好的补充评价，将会对正面口碑传播产生正向的扩大效应。另一方面，通过名人效应来推动正面口碑的传播，比如引入名人的使用体验、名人的个人感知评价，或者以图片、视频等形式在 App 上进行展示，这样能够对正向口碑传播起到进一步的扩大作用。

六、持续创新策略

没有任何一款移动商务 App 是完美且永不过时的，只有持续创新，升级 App 应用功能与服务，创造不可复制的用户体验，才能在同质化时代脱颖而出，真正搭建起用户与品牌间稳定关系的桥梁。短暂的销售成功和社会影响力不是 App 营销的结束，持续创新以维系品牌与用户的情感关系才是企业实施 App 营销的意义所在。同时，一款失败的 App 开发也并非 App 营销的终点，企业可吸取经验教训对应用进行修正和升级，消除其对品牌的负面影响，重振用户对品牌的信心。如果企业面临一时的失败便放弃该 App 的经营，则很有可能恶化现有使用者对该品牌的印象。

随着互联网技术的不断进步，智能手机、平板电脑等移动终端设备普及率大幅提升，用户逐渐习惯移动商务 App 的消费模式，移动商务 App 将是一个企业进行营销的必然趋势。通过结合了社交平台的 HTML 5 技术打造跨平台移动应用，不仅改变了用户与用户、用户与企业之间的交流模式，还改变了支付方式。另外，随着云技术、NFC 技术的不断提升，以及移动搜索、基于地理位置的超本地信息搜索功能的加入，移动商务 App 营销将会完全进入人们的生活、工作中。移动商务 App 营销将作为企业与用户之间的桥梁，促进他们之间的交流，同时推动企业产品不断更新，刺激用户的消费，其已成为整个移动营销的核心。

任务评价

单位：分

类别	序号	考核内容及要求	分值	学生自评分数	教师评价分数
任务内容	1	品牌形象策略	5		
	2	内容营销策略	5		
	3	关系营销策略	5		
	4	互动营销策略	5		
	5	口碑营销策略	5		
	6	持续创新策略	5		
学习态度	1	课前自主预习	20		
	2	团队协作	20		
	3	积极完成任务	20		

学以致用

一、单项选择题

1. ASO 优化是指（　　）。
   A. 搜索引擎优化　　　　　　　B. 应用商店优化
   C. 界面优化　　　　　　　　　D. 功能优化

2. SEO 优化是指（　　）。
   A. 搜索引擎优化　　　　　　　B. 应用商店优化
   C. 界面优化　　　　　　　　　D. 功能优化

3. KOL 是指（　　）。
   A. 搜索引擎优化　　　　　　　　B. 应用商店优化
   C. 关键意见领袖　　　　　　　　D. 意见领袖
4. 用现有的手机网站，进行加壳打包生成的 App 技术是指（　　）。
   A. 原生态开发　　　　　　　　　B. Web 页面加原生混编
   C. HTML 5 开发　　　　　　　　D. Web 页面加壳生成 App

二、简答题

1. 移动商务 App 的推广策略有哪些？
2. 移动商务 App 的营销策略有哪些？
3. 移动商务 App 营销的开发流程有哪些？

三、案例分析题

拼多多电商是网络购物平台，在该平台中，用户如果要购买其中的一款产品，可以通过参与拼团或邀请亲朋好友帮助砍价的方式，以较低的价格获得。这种拼团式的新型购物模式及低廉的价格，迅速吸引了很多的用户。拼多多电商平台成立于 2015 年，到 2016 年短短一年的时间，平台的用户数量就达到 1 亿名以上，同时获得了 1.1 亿美元的融资，由 IDG 资本、腾讯、高榕资本领投。不到 3 年的时间，拼多多就完成了挂牌上市。短短几年拼多多就一跃成为我国的三大主流电商平台之一，在大众群体中获得了较高的知名度，特别是在三线及以下城市中，具有较大的消费市场占比和较高的知名度。

初出茅庐的拼多多为了打开市场知名度，在营销上下了重金，集中赞助了 13 档热门综艺，拼多多还邀请《好想你》原唱对改编后的歌曲进行了演唱，在广告的轰炸下继续用音乐洗脑。拼多多在 2019 年第二季度的"6·18"促销平台上首次发起"百亿补贴"活动，这个活动的核心是补贴用户购买的产品，让用户以更优惠的价格买到想要的产品，这种简单粗暴的活动吸引了大量用户前来购买，操作简单，只需付定金买预售即可。Switch、小米手机、戴森吹风机……无论是数字电子产品还是小吃零食，用户都能在"百亿补贴"活动中找到自己想要的东西，它包含众多高低端产业产品，随处都是刺激着用户购买欲望的产品。"百亿补贴"活动推出一周年后，效果相当显著。到了 2020 年，到拼多多买手机、买家电、买大牌，也成了越来越多人的共识。大额的营销费用成功打开了平台的知名度，在短短四年内拼多多成为国内第二大电商平台。

在拼多多 App 内有一款典型的养成类游戏——多多果园。这款游戏曾在中老年群体中掀起了热潮，并反向带动了年轻人的游戏热情。在 2019 年多多果园最火爆之时，其日活跃用户数在 5 个月内便激增了 1100 万名。比照着多多果园的套路，拼多多还推出了多多鱼塘、金猪、惊喜工厂等养成类游戏。

请回答：

分析拼多多 App 的营销策略。

知识拓展

一、ASO 优化

ASO（App Store Optimization，应用商店优化）即提升 App 在各类 App 应用商店/市场排行榜和搜索结果排名的过程。类似普通网站针对搜索引擎的优化，ASO 优化就是利用 App Store 的搜索规则和排名规则让 App 更容易被用户搜索或看到。通常我们说的 ASO 就是 App Store 中的关键词优化排名，重点在于关键词搜索排名优化。

二、SEO 优化

SEO 优化（Search Engine Optimization，搜索引擎优化）是一种通过分析搜索引擎的排名规律，了解各种搜索引擎怎样进行搜索、怎样抓取互联网页面、怎样确定特定关键词的搜索结果排名的技术。搜索引擎优化采用易于被搜索引用的手段，对网站进行有针对性的优化，提高网站在搜索引擎中的自然排名，吸引更多的用户访问网站，提高网站的访问量，提高网站的销售能力和宣传能力，从而提升网站的品牌效应。

三、KOL

KOL 的全称是 Key Opinion Leader，意为关键意见领袖，指拥有更多、更准确的产品信息，且为相关群体所接受或信任，并对该群体的购买行为有较大影响力的人。也就是我们平时说的"网络红人"、博主等。

项目四 移动商务经营模式

项目描述

移动商务经营模式是伴随智能手机市场的兴起而快速发展起来的,有着天然的便捷性,加上互联网的快速传输,各种网站纷纷转战移动互联网,呈现出多样化的移动商务经营模式。本项目旨在分析移动商务经营模式,挖掘移动商务用户的需求,撰写运营方案。

【学习目标】

素质目标

1. 养成自主探究的学习习惯、具有敏锐的洞察力,具备团队意识;
2. 树立创新意识,激发学生自觉践行绿色生活方式和可持续发展理念;
3. 努力践行敬业、专注、精益求精的工匠精神;
4. 具备诚信经营的意识、法律意识和创新意识,遵守职业道德规范。

知识目标

1. 了解移动商务经营模式的概念;
2. 了解移动商务经营模式的类型;
3. 掌握平台模式;
4. 了解 O2O 模式的分类及盈利点;
5. 掌握 C2B 模式;
6. 了解移动商务的创新模式。

能力目标

1. 能够分析并运用几种不同类型的移动商务经营模式；
2. 能够针对不同类型的移动商务经营模式，挖掘移动商务用户的潜在需求；
3. 能够利用移动商务经营模式进行运营方案的撰写。

案例导入

小红书的"社群＋购物"模式。

小红书是一个以移动社群为基础建立起来的电商平台，其注册的个人商家在应用上展示各类海外产品，与用户进行沟通、交易和结算。2014年12月，小红书进行了战略升级。作为一款跨境产品平台，其在两周内实现百度指数飙升20倍，App Store排名3天内攀升到总榜第四、生活类第二，甚至一度超越了京东、唯品会等电商巨头。它的成功得益于其所采纳的模式——"社群＋购物"模式。小红书页面如图4-1所示。

图4-1 小红书页面

首先，建立购物分享社群，聚拢用户。

随着消费升级和生活方式的改变，海外购物逐渐成为人们购物的渠道之一。但因为信息不对称，用户在海外购物时并不能完全获悉购物资讯，不知道该买什么。小红书以此为切入点，以购物分享群起步，鼓励用户分享和交流自己的境外购物心得，并且借鉴游记分享的结构化方式给每个产品都配有相应的名字、照片、用户心得、价格和购买地点等说明。同时，根据社群定位，小红书主要选择"85后"和"90后"的个性化消费群体作为主攻对象，因为这两个年龄段的人是新一代的消费主力。凭借这种社群咨询分享方式，小红书聚拢了大批用户。

其次，社交网络口口相传，强化购物欲望。

通过社群咨询分享打破跨境消费产品信息不对称，使"好产品"在社交网络中口耳相传，并与潜在用户之间建立起强纽带，加之小红书本身打破地域，能够引导很多没有海淘经验的"小白们"快速获知产品的使用感受，固有用户和新增用户的信赖度得到了良好的提升和保持。

此外，小红书主导的新型"社群＋购物"移动商务模式以信息为驱动，让用户生产内容。通过真正的社交信息流方式，将线下闺蜜逛商场时的冲动消费场景搬到了线上。告别了传统模式的比价场景，取而代之的是口碑新模式，这是其在"购物"这一环节成功的关键所在。

再次，注重优质内容积累。

对于社群来说，优质内容的不断产出是保证社群活跃度、忠诚度和激发用户购物兴趣的主要途径。因此，小红书格外注重内容的创作。不管是用户分享的内容还是产品内容，均追求优质。拿用户分享来说，由于分享用户主体为具有中高端消费能力和丰富的海外购物经验的女性，其发帖质量远高于其他同类型产品的评论晒物板块，使得其社区的用户黏性极高，高质量的内容带动的是极高的转化率。

可见，小红书的"社群＋购物"模式，以社群为核心，具有极高的用户黏度，与传统商务模式相比，"社群＋购物"模式更像是一群"陌生的熟人"之间的交换行为，这种具有社群属性的强关系，是小红书能够在短时间内获得用户认可的关键所在。

【案例思考】

小红书的经营模式有哪些优势？

任务一　平台模式

任务描述

在移动互联网时代，"平台"这个词可谓耳熟能详。不仅是运营商，而且以互联网公司为代表的内容提供者、终端商等，都打破了传统的产业链分工限制，开始尝试直接面对用户。这个时候，平台就成了一个新的工具，企业可以借助平台将用户所需的各类应用和信息进行整合与推送，实现盈利。在平台模式这一任务中，明确平台模式的分类、掌握平台模式的战略定位，有利于企业的移动商务运营。

任务实施

一、平台模式概述

"平台"是指在平等的基础上,由多主体共建、资源共享,能够实现共赢的、开放的一种商业生态系统。传统的经济观念是追求大而全、小而全,但现代市场经济是市场细分化的产物,细分化的显著特征再也不是"凡事不求人",而是"别人能做得更好,那就让别人去做"。因此,平台经济不仅是一种新的产业形态,还是一种新的商业模式。

移动互联网发展到今天,平台开放的商业模式已经成为主流,各个垂直领域都出现了平台型服务商:苹果的应用商店平台,谷歌的 Search API、Google Map API、Open Social API 等一系列还在不断增长的 API 列表及 Android 操作平台,Facebook 的 F8 开放平台,腾讯的社区开放平台和微信开放社区(见图 4-2),新浪的微博开放平台,阿里巴巴的电子商务开放平台,360 安全平台等,不胜枚举。

图 4-2 微信开放社区

平台就是为合作参与者和用户提供一个合作与交易的软硬件相结合的环境。平台模式是通过双边或多边市场效应和平台的集群效应,形成符合定位的平台分工。在这个平台上有众多的参与者、有明确的分工,大家都可以做出自己的贡献,每个平台都有一个平台运营商,它负责聚集社会资源和合作伙伴,为用户提供好的产品,通过聚集人气,扩大用户规模,使参与各方受益,从而达到平台价值、用户价值和服务价值最大化。

二、平台模式运营条件

(1)根据其双边市场特点实现市场把控。

平台化的基础是双边市场。双边市场有两个显著的特点:一是交叉的网络外部性,即市场中一方的用户数量和交易量,会影响另一方的用户数量和交易量;二是价格的不对称性，任一方价格的变动，都会造成另一方交易行为的变化。在早期，为实现平台用户数量的增加，平台往往需要对供方或需方采用补贴的形式，吸引一方的加入，从而实现吸引另一方加入，以扩大平台规模。为了抢占用户，企业之间会陷入补贴不止的"囚徒"困境。这个时候，企业的融资能力就显得至关重要，在企业实现盈利之前，失去融资的支持，企业很可能面临失败。

如果市场上只有一家企业，或者一家独大企业，补贴模式是可行的。当积累了足够多的用户之后，平台可以依靠规模经济盈利，或者企业在垄断市场之后，由于用户缺乏需求价格弹性，企业可以通过涨价的方式来获得盈利。因此平台企业需要对供需双方分别定价，以实现平台收益的最大化。

（2）有效地降低交易费用，是平台模式运营存在的基础。

平台将交易费用分为交易前的费用和交易后的费用。交易前的费用是指由于将来的情况不确定，需要事先规定交易各方的权利、责任和义务，在明确这些权利、责任和义务的过程中就要花费成本、付出代价。交易后的费用是指交易发生以后的成本，主要包含两个方面：一方面是交易双方为了保持长期的交易关系而付出的代价和花费的成本；另一方面是交易双方发现事先确定的交易事项有误而需要加以变更所要付出的费用，以及交易双方由于取消交易协议而需支付的费用。

（3）建立大型的数据中心。

实践中，即便是平台化运营的共享经济，也难以真正实现轻资产运营。产生这种情况的原因在于，平台型企业需要建立大型的数据中心，以大量的信息处理能力支持不断增加的用户数量。

（4）网络技术支撑是前提条件。

三、平台模式的分类

平台的竞争，也渐渐形成了不同的模式。平台模式可以按照平台的业务属性及运营主体来划分。

（一）按业务属性分类的平台模式

当前应用型平台模式是移动互联网平台模式的主流，应用型平台模式主要有以下几种。

（1）新媒体平台模式：如新浪、搜狐、Twitter、开心网、微博、微信及各类媒体App应用等。

（2）垂直应用平台模式：主要是专注某类产品或某一类目标市场打造的平台，如优酷土豆、盛大文学、中粮我买网等。

（3）电子商务平台模式：如京东商城、当当网、淘宝网、欢购网、凡客诚品等。

（4）综合服务平台模式：是通过与产业链合作伙伴合作，为用户提供多种产品和服务的平台。如腾讯就是综合服务平台模式，它不仅提供即时通信服务，还向用户提供游戏、音乐、视频、安全软件、支付等各类服务。

当前，由垂直应用平台向综合服务平台和新媒体平台转变是一大趋势。对于进入移动互联网的企业来说，一开始选择垂直应用平台模式是最佳策略，只要集中资源，坚持专注，做专、做精、做深，就一定能在垂直市场处于领先地位。

（二）按产业链运营主体分类的平台模式

按照产业链运营主体分类，平台模式主要分为终端商、互联网公司和移动运营商三类。

（1）终端商的平台模式。智能终端本身就是一个平台，它汇聚操作系统、浏览器内嵌各种应用和客户端，如今智能终端的功能越来越强大，用户可随时随地上网，享用购物、音乐、影视、阅读、游戏、交友等各种应用。对于开发者和终端商而言，自由度越大，对于用户的控制力就会越强。

智能终端竞争在很大程度上就是操作系统之间的竞争，只要掌握了操作系统，就能获得更大的用户规模，从而掌握平台的主动权，终端平台模式就更容易成功。谷歌为生产商和应用开发者免费开放 Android 开源系统，终端商以 Android 操作系统为基础，开发出不同款式的终端手机。同时，内容开发者也可以开发出不同的软件应用，通过谷歌平台销售给用户。如今，谷歌 Android 聚集了几乎所有的终端商，目前 Android 智能手机市场占有率达到了 70%，远远超过苹果 iOS 的占有率。Google Play 的 Logo 如图 4-3 所示。

图 4-3　Google Play 的 Logo

对于终端商来说，只有以形成终端商、软件开发企业、用户共赢为目标，通过整合产业链合作伙伴，强化自主创新，开发自己的应用商店，实施软硬件融合，终端平台模式才能真正建立起来。

（2）互联网公司的平台模式。互联网公司平台模式的最大特点就是基于做大核心应用、提升平台价值并向其他服务延伸。百度专注搜索核心应用，通过技术创新、商业模式创新、客户体验创新及平台开放，使得搜索信息更加精细化，"即搜即用"让用户的搜索体验大幅提升。

（3）移动运营商的平台模式。移动运营商拥有网络，因此其搭建的平台也必须与自己的网络绑定。移动运营商可以通过如短信、计费及位置服务等能力，为内容开发者开发相应的应用；同时可以发展移动互联网业务（如我国三大运营商成立基地，大力拓展手机视频、阅读、音乐、电子商务等业务）和打造自己的应用商店，通过提供平台，聚集合作伙伴和应用开发者，开发满足用户多元化需求和长尾需求的应用。中国移动的MM商城、中国电信天翼空间就是这一模式的代表产物。

目前来看，三种平台模式各有特点，差异化较大。终端商的平台模式无论是操作系统还是终端，都是单一的，而且有封闭的，也有开放的。互联网公司的平台模式是开放的，它的优势是其拥有核心应用，并在此基础上打造了互联网平台，互联网公司是平台的领导者。移动运营商的平台模式也是完全开放的，但由于运营商既不掌控终端、操作系统，又没有内容优势，因此，运营商的平台模式比较脆弱。运营商的平台模式要想成功，就必须做好战略定位，聚焦垂直应用，并通过战略创新、模式创新、市场创新、机制创新实现成功。

四、平台模式的战略定位

移动互联网平台化商业模式的最大特点就是汇聚产业链上下游企业，平台模式的成功必将释放巨大的经济效益，这对促进移动互联网产业发展、繁荣社会文化经济、提高人们物质文化生活品质具有重要意义。移动互联网企业实施平台模式，把握自身的战略定位十分重要，通常平台模式的战略定位有以下几种选择。

（一）成为完全的平台中介

也就是说，自己搭建一个交易平台，通过强化平台运营和管理，汇聚内容开发者及其他合作伙伴，自己不开发任何产品和服务，应用完全由合作伙伴和开发者提供，并通过合作分成、前向内容收费、后向广告收费等方式实现盈利。例如，360在其开放大会上多次强调360开放所有业务、全部流量及用户数据，并且"只做平台，不做应用"，不与合作者争利，这对于开发者而言具有不小的吸引力；中国电信提出要做综合平台的提供者。当平台的定位是中介者时，其成功与否关键要靠提升平台运营能力和整合能力。

（二）建立具有独特优势的垂直平台，成为差异化的垂直平台

如今，几乎在移动互联网所有业务领域都有市场成功者和领先者，对于进入移动互联网的企业来说，不能盲目跟风，要结合自身资源能力，考虑优劣势，做好市场研究和用户需求分析，选择垂直细分市场为切入点，从而构建与市场领先者的差异化平台优势，只有这样企业才有立足之地。如在线旅游市场，携程无疑是行业的领先者，对于后来者来说，

只有差异化定位才有生存空间。相比携程全面出击的一站式策略，艺龙则不断强化"订酒店"的业务定位，突出"订酒店，用艺龙"的宣传口号，艺龙这种以"小而专抗击大而全"的策略，踩对了市场的点，使得酒店预订收入已占其总收入的72%，在携程股价一路走低的情况下，艺龙则保持了股价的稳定。同样，2006年10月成立的途牛旅行网，提供的是"旅行线路预订服务"，面向大众旅游用户，通过"网站＋呼叫中心＋手机客户端"提供标准化的多种旅游线路选择服务和个性化的旅行线路预订服务，然后在此基础上拓展"吃住行游购娱"全面的配套预订服务，彻底地对旅游产业模式进行了革命，从而使企业呈现良好的发展态势。携程官网首页如图4-4所示。

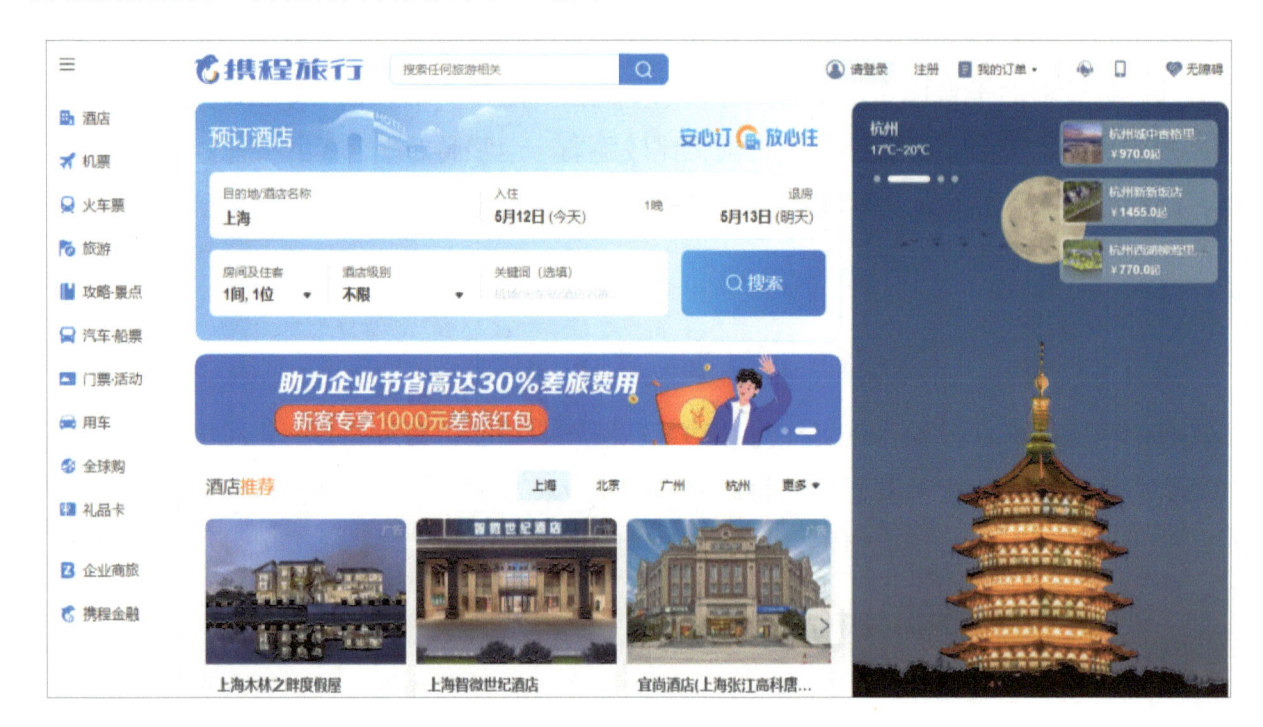

图4-4 携程官网首页

（三）对原有平台提供支持服务，成为平台的平台

搜房网通过在我国主要城市的本地化站点建设，不断汇聚有买房需求和租房需求的用户流量，并利用这种需求汇聚的影响力，向各实体中介公司兜售发布房源信息的接入端口程序。搜房网不参与任何实际的房屋交易，通过房源信息的快速更新形成了良性循环。搜房网的收入主要来自广告、行业出版物、职业培训、网站资源共享的授权及面向中介公司出售营销工具、建立网络平台、提供解决方案等的费用。这种模式为房产中介提供了平台，同时，更好地为用户提供了便捷的服务。

（四）对现有平台提供延伸增值服务，成为"综合平台供应商"

平台模式的发展一般先是从满足用户核心需求的垂直应用平台做起的，当垂直平台规模做大了、品牌做强了，在此基础上通过流量导入拓展和延伸业务服务领域，往往能取得巨大的成功。这方面的例子有很多，如UC优视科技有限公司是做手机浏览器的，其通过实施战略转型，由手机上网入口向入口服务平台转变，如今UC平台能为用户提供资讯、游戏、音乐、电商、娱乐等多种服务，成为一个综合服务平台。

（五）开创全新的平台

对于移动互联网企业，要有勇于创新、开创全新业务领域的精神，打造全新的业务平台。但关键点在于：一要切实满足用户需求，对用户真正有价值；二要通过技术创新实现拓展和延伸，提高竞争门槛；三要实行产品创新，真正推出用户想要的产品；四要实行商业模式的变革。这里全新的创新不是推出什么新概念，而是实实在在的创新，甚至是颠覆性的创新。为适应电子商务个性化和定制化的消费趋势，C2B模式越来越受到电子商务企业的重视，它是对现有B2B、B2C和C2C电子商务模式的突破和延伸，具有广阔的市场前景。

任务评价

单位：分

类别	序号	考核内容及要求	分值	学生自评分数	教师评价分数
任务内容	1	了解平台模式	10		
	2	掌握平台模式运营条件	20		
	3	掌握平台模式的分类	20		
	4	掌握平台模式的战略定位	20		
学习态度	1	课前自主预习	10		
	2	积极完成任务	10		
	3	完成课后拓展作业	10		

任务二 O2O模式

任务描述

中国互联网信息中心（CNNIC）数据显示，各类手机应用的用户规模不断扩大，场景更加丰富。其中，2017年第一季度手机外卖应用增长最为迅速，用户规模达到2.74亿人，较2016年年底增长41.4%；移动支付用户规模达5.02亿人，线下场景使用特点突出，4.63亿名用户在线下消费时使用手机进行支付。研究显示，手机购物并非电脑购物的替代品，而是在移动环境下产生的增量消费，并且重塑线下商业形态促成交易，从而推动网络购物移动化发展。移动互联网的迅速发展，为移动商务带来了巨大商机，并且未来市场发展潜力巨大。艾瑞咨询分析认为，中国电子商务已经步入快速发展时期，通信和硬件条件对市场的推进作用将逐渐被品牌和服务所取代。随着移动商务平台建设的日益完善和手机网民电子商务意识的增强，中国移动商务发展潜力巨大，淘宝、当当等传统电子商务企业，中国移动、中国电信等电信运营商纷纷布局移动商务领域，寻求新的利润增长点，其中，O2O电子商务的市场前景和地位日益显现。开展移动商务经营，首先要了解O2O模式的流程、分类，并明确对其盈利点的分析，形成对O2O模式的基本认知。

任务实施

一、O2O模式概述

2011年8月，美国试用品营销、产品服务商TrialPay的创始人率先提出了O2O的概念。O2O模式（Online to Offline，在线离线/线上到线下的商业模式）就是将线下商务的机会与互联网结合在一起，即线上订购、线下消费模式，让互联网成为线下交易的平台，把线上的用户带到现实的商店中去，真正使线上的虚拟经济和线下的实体经济融为一体。这样企业可以通过在线招揽用户到其线下的实体经营场所购物或消费，而用户可以在线筛选企业的产品或服务，交易可以在线结算。通过打折，提供信息、服务等方式，把线下商店的消息推送给互联网用户，从而将他们转换为自己的线下用户。此外，O2O模式的关键点就在于平台通过在线方式吸引用户（见图4-5），但真正消费的产品或服务须由用户在线下体验，这就对线下服务提出了更高的要求。

图4-5 O2O模式

一个标准的O2O模式的交易流程如下。

（1）线上平台（移动网站、移动商务App、PC网站等）通过与线下商家沟通，就产品或服务及开展经营活动的时间达成协议。

（2）线上平台通过各种渠道和推广手段将准备开展的经营活动向自身的用户进行推介，用户则向线上平台付款并获得线上平台提供的产品或服务的消费"凭证"。

（3）用户持"凭证"到线下商家获取产品或享受服务。

（4）用户获得产品或享受服务后，线上平台与线下商家进行结算，线上平台获得一定比例的佣金，线下商家获得提供产品或服务的款项，完成交易。

O2O模式是电子商务业务针对用户个性化、情景感知等特点及移动网络强大的定位与搜索能力在商业模式方面取得的重大突破。随着物流、支付等问题的解决，社交网络、LBS、二维码的有效结合，移动商务将会给用户带来更多更丰富的购物体验。O2O模式将带动整个移动互联网产业的发展，而移动互联网也将成为O2O模式发展的重要助推剂。

二、O2O模式的分类

互联网的迅猛发展为O2O模式提供了无限想象的空间。用户首先通过手机连接互联网，在O2O网站、App商店、社交网店，或者通过在传单上扫描条形码、二维码等方式，查找和获得自己需要的产品或服务，然后利用手机支付进行购买，最后到线下实体店进行消费。随着SNS的迅猛发展、LBS技术的应用普及，以及二维码技术的成熟和应用，O2O模式更趋多元化，表现出旺盛的市场需求。按本地服务的介入程度，O2O模式可以分为轻型O2O和重型O2O。

（一）轻型O2O

电子商务平台解决人与产品的关系，而本地生活消费平台即O2O解决人与服务的关系。轻型O2O本地服务介入程度浅，如大众点评网（见图4-6）、布丁优惠券、美团、摇摇招车、易到用车等。它的优势是资产相对较轻，属网络型应用，易于跟踪数据，流量购买相对容易，团队构成单一，文化冲突较少。

图4-6　大众点评网

轻型O2O面临的挑战是对服务体验缺少真正的控制，容易进入同质化竞争，初期商家合作中议价能力较低，佣金获取面临一定的挑战。例如，大众点评网的触角延伸到线下的传统商铺，开始涉足线下产品的O2O团购。大众点评网的O2O团购鞋类产品的用户，可在线下门店试穿后通过手机扫描二维码进入点评页面在线购买。

大众点评网的O2O团购实际上跟虚拟团购业务没有什么本质的区别，只是把虚拟业务换成了穿戴类的实物，并且让用户主动来到门店。可以想象一种场景，当某个用户来到一个台球室，掏出手机开始团购这个台球店铺的团购券时，同样可以立即购买、立即体验。大众点评网的做法对传统商家而言，最直接、最明显的特点是减少了物流配送环节的费用。商家可以把这部分的费用分摊到店铺的租金成本上，进行打折。

从本地生活消费来讲，服务的对象就是用户和商家，而用户有三大需求：找信息、找优惠和享受服务。移动互联网对大众点评网最大的价值在于，它是形成O2O闭环的关键。这就好比物流对于电子商务的意义，电商O2O都是连接"买卖"双方的，电商是"零售+物流"，物流把产品带到用户家里；而轻型O2O是"服务+移动"，即"移动把互联网带到了服务中"。

（二）重型O2O

由于线下服务业的标准化程度低、规范化程度低、从业人员IT水平低、业务定位随时间和市场改变等因素，造成了重型O2O本地服务的出现。重型O2O本地服务的介入程度较深，如安居客、美餐、神州租车、到家美食会等。重型O2O的优势包括对服务体验有较强的控制和保障，在商家合作中有较强的议价能力，能很快收到佣金，能提供个性化服务，而且不易被复制。重型O2O面临的挑战主要包括实体资产比重大、规模化难度大、推广有较大限制、团队构建难度高。

例如，2013年12月，一直坚持只开直营租车分店的神州租车启动全新区域扩张战略——"百城千店"加盟计划，宣布在66大直营城市之外，将通过加盟的方式覆盖三四线城市，核心是地级市和全国百强县，使其在2014年3月前发展到400多家加盟店，并利用这个网络来建成一个覆盖全国的二手车买卖O2O平台。一开始，神州租车采用直营店的模式，很难覆盖所有的城市，管理难度比较大。因此，神州租车随后发布了云战略，即以"云概念"和"云计算"为基础，通过规模化采购车辆和铺设密集的服务网点，建立丰富的资源池，利用高科技手段充分共享车辆资源，从而精准地向用户提供"随时随地、应有尽有、按需付费、简单便捷"的用车体验。图4-7所示为神州租车平台首页。

图 4-7　神州租车平台首页

租车行业是一种基础的生活服务行业，其最核心的特质是"本地化"。本地服务的便捷性，是租车服务中不逊于价格的另外一种核心体验。重视线下，立足本地化，提高地理渗透率，将服务推到用户身边，是租车 B2C 公司目前突破价格战困局的唯一选择。应该说，在短时间内，或者较长一段时间内，互联网巨头们基本上无暇顾及一些小城市，它们都把火力集中在一线城市，因而对于借这个机会发展起来的租车公司来说，即使日后互联网巨头们将战略延伸到了二三线城市，本地的创业团队也是有实力与其抗衡的。

随着 5G 网络的日益成熟和智能手机的大量普及，越来越多的用户开始通过手机获得各种服务。O2O 只有抓住移动互联网带来的机遇，才能真正获得爆发式的发展。

三、O2O 模式的盈利点分析

O2O 平台已经逐渐成为电子商务业投资的热点领域，正吸引着众多企业的加入，其中也不乏成功企业，如大众点评网、携程、搜房网、拉手网、街旁网、去哪儿、酒店达人等，它们发展得如火如荼，在人们的工作和生活中发挥着重要作用。一旦形成强大的 O2O 平台，其盈利模式就更加清新、多元化，从而支撑企业的发展和 O2O 平台的良性发展。O2O 的盈利模式是比较清晰的，有面向用户收费的，也有面向商家收费的，更有通过广告来收费的。总体来说，O2O 模式的收入来源主要有以下几种。

（一）销售佣金收入

O2O 运营企业通过打造 O2O 平台，聚集了大量的商家，平台通过提供打折、优惠券、促销等活动吸引线上用户到线下商家购买产品，由于线上资源增加的用户并不会给商家带来太多的成本，这样商家在销售产品中能获得更多利润，O2O 运营企业根据产品销售或代理向商家收取销售佣金。例如，在豆瓣网，用户看到一本书后就可以单击链接，或者先将其添加到购书单，再到网上书城里进行购买，当用户完成交易后由豆瓣向商家收取销售佣金。

（二）广告费用收入

O2O运营企业通过业务运营、业务模式的创新，结合社交、LBS技术等移动互联网应用，丰富O2O平台的应用，为用户提供互动、良好的用户体验。平台一方面聚集海量用户资源，另一方面聚集大量的商家，通过线上巨大的流量，聚集用户，然后把这些流量导入商家，通过关键字搜索、电子优惠券等形式开展广告，O2O运营企业可以借此向商家收取广告费用。同时，O2O运营企业聚集了海量的用户消费行为、消费能力、消费习惯、消费需求等数据，通过数据分析为商家开展精准营销，在恰当时间将与之需求相适应的商家信息推送给潜在用户，从而向商家收取精准推送的费用。广告收入是O2O运营企业的主要收入来源。例如，大众点评网通过"点评模式"聚集了海量的用户资源，现在每天活跃用户达到4200万人，月点评数量超过2300万条，收录商家数超过240万家。大众点评网采取精准广告模式向商家收取广告费，从而为商家开展关键字搜索、电子优惠券、客户关系管理等多种营销推广。大众点评网的关键字搜索类似于谷歌和百度，输入关键字，会有相关的商家信息出现，在此类搜索热词附近，大众点评网推出竞价排名，并向用户明确这是广告。这类广告模式，并没有给用户的体验效果带来直接的负面影响，反而成为满足用户需求的针对性信息，拓宽了大众点评网的营销渠道。

（三）数据服务费用收入

当O2O平台每天访问量达到上百万次或上千万次时，O2O平台积累了海量的用户数据，成为电子商务企业最大的"金矿"。大数据的商业价值主要表现在：对每个消费群体制定有针对性的策略和行动方案，运用大数据模拟实景，发掘新的需求，提高商家整个管理链和产业链的投资回报率，O2O运营企业可以将用户数据集成开发客户关系管理系统，进行数据分析和挖掘，开展有意义的消费行为分析，制定有针对性的营销方案，为商家商业模式、产品和服务创新提供服务，从而向商家收费。

（四）增值服务费用收入

O2O运营企业应当借助自身的平台优势和媒体优势，与商家合作进行多元化业务的开发，挖掘一些增值业务。例如，国外有一家网上订餐商店——OpenTable，不仅能为用户提供快速、便捷的网上订餐服务，还能为商家提供订餐软件系统，帮助商家进行订餐管理，优化业务流程，降低经营成本。而OpenTable可以向商家收取这套软件的"安装费"，以获得收入。

（五）其他收入

比如，大众点评网根据汇聚大量的用户点评内容和商家信息，加以整理汇集成册，每年发售一册各地餐馆指南书籍，每本定价为20元左右，价格也不贵，从上海到北京、广州等20多个城市，该餐馆指南书籍销售量达到每年10万册，这也是收入来源之一；再加上书上可以刊登广告，盈利模式更加丰富。

上述是当前O2O模式的主要盈利点，针对不同的O2O运营企业，在制定盈利模式时，要根据企业发展所处的阶段、平台运营状况来灵活确定，收入来源可以是上述几种方式的组合。

任务评价

单位：分

类　　别	序　号	考核内容及要求	分　　值	学生自评分数	教师评价分数
任务内容	1	了解O2O模式的概念	10		
	2	掌握标准的O2O模式的交易流程	20		
	3	掌握O2O模式的分类	20		
	4	掌握O2O模式的盈利点	20		
学习态度	1	课前自主预习	10		
	2	团队协作	10		
	3	完成课后拓展作业	10		

任务三　C2B模式

任务描述

C2B模式是以聚合用户需求为导向的反向电商模式，起源于1998年美国Priceline公司（见图4-8）的客户自我定价系统，在旅游、航空淡季市场非常受欢迎。Priceline在1999年第一季度通过C2B就卖掉了19.5万张机票，最高峰一天通过C2B卖掉6000张；同年3月，Priceline在纳斯达克上市，受到投资者的热捧。C2B发展需要庞大的社交平台做组件，在移动互联网时代得到了蓬勃发展。2013年1月，阿里巴巴集团在杭州举行的"C2B定制研讨峰会"上对外宣布，启动C2B战略，推出大规模定制产品平台——聚定制，将在家电、家居、旅游、电信等行业发力，未来通过聚定制平台将更能有效地聚合需求，用户将能购买到个性化的高性价比产品。在本任务中，首先要了解C2B模式的主要形式，便于企业开展C2B模式的运营。

图 4-8 Priceline 公司的 Logo

任务实施

一、C2B 模式概述

C2B（Consumer to Business）模式指用户对企业的交易模式。对 C2B 狭义的理解是有别于 B2C 的反向电子商务模式的，即通过聚合分散分布但数量庞大的用户形成一个强大的采购集团向企业集中采购的行为，也叫反向定制或聚定制。这种理解低估了 C2B 带来的变革力量。对 C2B 广义的理解是由用户（Consumer）发起需求，企业（Business）进行快速响应的商业模式，即用户需要什么，企业就生产什么。C2B 的核心是用户角色的变化，由传统工业时代的被动响应者变成真正的决策者。B2C 模式是典型的推动（Push），而 C2B 模式是拉动（Pull），即按需定制，降低甚至消除了库存和相应的成本。C2B 的另一个特征是积少成多、聚沙成塔，企业利用社会的零碎资源和个人的能力及零碎时间，低成本地帮助企业完成需要大量劳动力、短生命周期或企业不具有能力和资源的项目。

B2C 模式的特点之一是信息对称，其比拼的是价格，这严重挤压了供应商和电商的生存空间。供应商难过，B2C 企业更难过。然而，从用户的角度看，有太多的选择及太多的空间，这让他们无所适从。这样的恶性竞争注定是无法长久的。用户需要的是性价比，而不仅仅是简单的便宜,移动互联网的发展促进了 C2B 模式的演进。C2B 是用户发起的需求，更加贴近生产。通过博弈数据的挖掘，可以对用户的层次进行分类，从而可以更有针对性地给用户提供适合他的高性价比的产品。对供应商而言，也可以提供更加贴近用户的产品，降低风险，提高效率。C2B 模式的竞争优势达成，是用户用产品的某些属性交换的，产品价格优势背后是"时间""选择权"等属性的丧失。从企业的角度来看，在固定沉没成本和对既有消费群体利益影响较小的情况下，追求利益的最大化，其中信息技术的应用起到了至关重要的作用。数据智能体系（BI）是 C2B 模式的核心内容，如图 4-9 所示。C2B 模式更适宜作为具有庞大资源和用户群体的综合性平台的组件，对其他业务模式有着提升和促进作用，特别是对社交关系具有其他商业模式难以替代的作用。C2B 模式的典型应用就是用户个性化定制，即由用户主导，提出自己的需求，厂商则根据用户的需求定制相应的个性化产品。

图 4-9　数据智能体系 BI

二、C2B 模式的主要形式

目前看来，基于移动互联网的电商 C2B 模式主要有 3 种形式。

（一）聚合需求形式

聚合需求形式 C2B 模式是通过预售、集体团购等形式将分散着的用户需求集中起来，对于一些还没有生产出来的产品，可以根据集中的需求进行快速的生产，在用户需求完全表达的理想情况下，这使得企业的供给可以正好与用户的需求匹配，避免了资源的浪费。

对企业而言，即需即产实现了零库存。由于已经知道需求的分布，企业甚至可以选择在不同的生产地点进行生产以降低运输成本；同时由于用户已经付费而确定了收益，企业也不必担心在调研时口碑很好的产品大规模生产后出现"叫好不叫座"的情况。这种形式整体降低了企业的成本，在一定程度上避免了企业的损失。而对用户而言，由于企业的成本降低，通过预售购买的用户可以享受到更低的价格，其实在某种程度上可以理解为是在用"时间"换"价格"。可见聚合需求的形式给企业和用户都会带来许多好处，不过目前也存在许多问题，其中最大的一个问题可能是企业是否可以根据用户的需求实现迅速生产。

一方面如果聚合的需求较少，生产起来单位成本就会很高，企业一般不会做这些产品，而已经预定的用户的感情也许会受到伤害；另一方面如果需求较多，企业可能没有能力实现快速生产。虽说弱化了时间属性，但时间过长的话用户必定不能接受。此外还有一个行业问题，比如服装等季节性较强的行业，因强调发布的时间，也许不适合这种形式。针对这个问题，可以考虑在发布预售或团购时就注明预售数量达到多少时该预售生效，让用户有心理准备,同时企业要衡量自身的生产能力和运送能力能否达到即需即销的要求,也许通过与其他企业或平台共同合作能从一定程度上缓解这个问题,但关键还是企业的能力与规模。聚合需求形式从整体上来说还是有较大的用户群体的,如果企业有足够的能力,那么这种形式还是很有发展空间的。

(二)要约形式

随着中国经济近十年的持续高速发展,人们尤其是富人阶层和都市先锋人群的消费观念已经发生转变,部分高收入人群和崇尚自我个性的人群并不很在乎过去所说的影响消费最重要的因素——价格,而是把产品的品质和特性的重要性置于价格之上。他们消费时往往更看重产品的质量、样式、品位等方面,由此催生出团购的另一大潜在市场:通过自发或者第三方平台聚合为数众多的该类用户,促使企业按他们的需求进行设计和生产,甚至可能改变企业所提供的产品内容,比如材质、外观设计、组合方式等。

这种形式的典型例子是 Priceline,即将销售方与购买方的传统位置调换了一下,用户自己出价,企业选择是否接受。从企业角度来说,这种方法最理想的状况是使消费者剩余趋零,提高了利润。Priceline 平台帮助用户在产品的品牌、特性和卖家(通常是航空公司、酒店、金融服务公司)的低价格之间求得平衡;用户可以向 Priceline 提交他们的期望价格和产品,卖方通过 Priceline 了解用户的产品需求和价格,然后根据用户需求特征提供他们所需要的产品来形成交易。

所谓消费者剩余就是指用户为取得一种产品所愿意支付的价格与他获得该产品而支付的实际价格间的差距。比如一款产品价格为 50 元,用户 A 愿意为这款产品支付 55 元,用户 B 愿意支付 60 元,那么用户 A 的消费者剩余为 5 元,用户 B 的消费者剩余为 10 元。对企业而言最理想的情况是将产品以 55 元的价格卖给用户 A,以 60 元的价格卖给用户 B,但由于 50 元的公开定价使得企业在用户 A、B 身上共损失了 15 元。而要约形式对企业而言是将价格隐藏,并根据用户的出价来进行判断是否销售,这种方法可以降低消费者剩余,对企业有利。对用户而言,如果为一款产品愿意支付的价格是 60 元,而产品实际价格为 50 元,尽管用户都想产品价格越便宜越好,但在用户不知道实际价格时,60 元买到了该产品同样会让他感到高兴。

上面说的是比较理想的情况,在真正的要约形式中不可能只是企业得利,如果仅是某一方得利而造成了不平衡,那么这种形式也不可能长久。这种 C2B 电商的问题在于买家之间如果可以互相联系,那么就可以都用较低的成交价格进行买卖,而如果买家可以有较多次的尝试,从低价开始慢慢提高,甚至可以测出产品的实际价格,这种要约形式也就失去了意义。在设计要约形式时规则十分重要,对用户的保护也十分重要,如果用户多次要约都以企业拒绝而结束，那么用户也不会第二次再访问该企业的网站。但如果以高于产品成本一定区间内的价格销售，那么给予付溢价较多的用户赠品或更好的服务等超出用户预期的体验，给多次要约失败的用户一定的补偿和鼓励，也许会有助于这类网站的稳定发展。这种模式相对较为新颖，可以吸引一定的用户与企业，但设计与规则是重中之重，同时如果站内产品在别的公开平台可以查到价格，那么也就失去了意义，所以要约形式对于服务行业更为合适。

（三）个性化定制

由用户提出个性化需求，企业根据需求生产个性化产品，用户为此付出一定的溢价，这听上去不错但做起来很难。其实目前有一些产品在销售时可以进行个性化定制，但这个个性化一般都仅仅是针对某个小模块而言的，比如 iPad mini 订购时背面的刻字，又比如购买手机时外壳的颜色和样式等。这些定制可以给用户带来一定的个性化元素，让用户体会到产品的不同，但这还不够，仅仅是某个模块的定制并不能带来实质性的变化，某个产品的外观、功能、包装、销售过程等都应该实现个性化的定制，这在目前看来并不容易实现，但这是一个发展趋势。人们都有从众的内在倾向，也可能正因为如此我们才更想让自己看起来与众不同，打造唯一属于自己的产品，这会迎合许多用户的需求。

当然，为了这种个性化用户也需要付出更多的金钱，目前为个性化买单的理念虽有发展但并没有完全普及，随着人们自我展现需求的不断加强及个性化的不断升级，为个性化买单，购买属于自己的产品的理念终会深入人心。这种深度个性化的定制也对企业的设计与生产提出了更高的需求，要求其在设计产品时就要考虑到如何让产品更有可配性；同时要为生产做铺垫，即要考虑这样的个性化是否有利于生产，而生产流程也需要一定的改变，这无疑会增加成本。可见，个性化定制同样要求企业具有较强的实力，因此普及真正的个性化定制还尚需时日。

这个阶段的 C2B 商业模式将极具创新性，对企业而言，需要在满足用户个性化定制所需更高成本与群体采购所要求的低价格之间达到平衡；对用户而言，则需要在满足个性化产品所需支付的高价格与群体采购可能出现的个性弱化之间寻求平衡。这对第三方的 C2B 电子商务平台是一个巨大的挑战，既要找到可满足个性需求并具有强大的定制生产能力的企业，又要找到尽可能多同时又尽可能小众的个性化用户群体。目前来看，这似乎很难。国内倒是有一些企业网站具备个性化定制的雏形，比如汽车网站，可以让用户对汽车的部分属性如颜色做出选择，又比如 DELL，用户可以对电脑配置做出选择等，但这仅限于企业本身，只是 B2C 模式的一种有新意的延伸。而作为第三方平台的 C2B 电子商务网站却未真正出现。目前国内只有一家服装网站显现出 C2B 个性化定制的雏形：用户可以在网站上自行决定所需服装的颜色、材质、图案和外形等，然后由网站帮用户把这些创意变成产品。

任务评价

单位：分

类　别	序　号	考核内容及要求	分　值	学生自评分数	教师评价分数
任务内容	1	了解C2B模式	10		
	2	掌握C2B模式的主要形式	10		
	3	聚合需求形式C2B模式	20		
	4	要约形式C2B模式	20		
	5	个性化定制C2B模式	20		
学习态度	1	课前自主预习	10		
	2	积极完成任务	10		

任务四　移动商务创新模式

任务描述

随着智能终端和移动互联网的普及，移动端网民数量曾一度飞速增长，但近两年，人数增长渐趋饱和，导致增速放缓。在移动商务绝对用户数量增长空间已经不那么明显的背景下，企业竞争的重点开始调转方向，这使得包括共享模式、IP模式、"社群+"模式在内的一些新的商务模式得以产生并发展。本任务通过介绍移动商务创新模式，探讨各种模式的运营形式。

任务实施

一、共享模式

（一）共享模式的概念

共享模式是共享经济态势下产生的新的商务模式，用户公平、有偿地共享社会资源，彼此以不同的方式付出和受益，共同享受经济红利。移动互联网成为传递共享的媒介，为共享模式的发展和壮大提供了巨大的推动力。共享经济模式已经深深影响着人们的观念和生活。

目前,全球已经有超过数万家的各类共享经济企业,它们在各个行业影响着人们的生活和消费方式。

(二) 共享资源新模式

2016年,Airbnb(见图4-10)非常火爆。共享单车、闲置物品交易平台、知识共享平台等成为新兴共享经济业态。

图4-10 爱彼迎(Airbnb)

(1) 共享单车——美团单车。

共享单车解决了出行"最后一公里"的问题。作为共享模式资源的又一创新,共享单车风靡各大城市,"随借随还"的便捷性吸引了大批用户。

(2) 闲置物品共享——转转。

转转是58同城二手频道升级后的闲置物品共享平台,平台自营质检服务是其核心竞争力。在这个平台上,甲方的闲置物品可以在乙方获得"新生",实现甲乙双方的共赢。

(3) 知识共享——分答。

知识共享平台召集行业专家输出知识内容,同时其可以得到来自订阅者的费用补偿。分答的付费语音模式是,提问者付出一定费用邀请行业专家解答,再赚取听过答案用户的费用。此外,借助大数据,知识共享平台可以实现自动邀请合适的用户回答他可能感兴趣的问题。在该平台上,每个人都可以贡献自己的经验、知识和观点,实现知识共享。

此外,共享经济发展初期,供给方提供的产品和服务呈现非标准化趋势,成为共享经济发展过程中不得不面对的棘手问题。比如,"回家吃饭"App是一款致力于在社区里发掘有时间、愿分享的民间厨艺达人,通过配送、上门自取等方式,给需求方提供饭菜的共享模式。其愿景虽然美好,却由于家厨提供的非标准化、饭菜的卫生问题备受质疑,导致"回家吃饭"App这样的共享餐饮模式发展受阻。可见,要做好共享模式,还需要先实施标准化才行。

二、IP模式

(一)IP概况

1. IP的定义

随着时代的发展,我国已涌现出许多新兴市场,目前最热的市场就是"IP"。IP不再是传统意义上的知识产权,而是表示从网络文学改编成影视剧、影视剧改编成网游或手机游戏的一种形式与过程。而随着IP产业的不断发展,又衍生出了许多新定义,如网红IP、动漫IP等。IP的意义随着人们的理解及发展的全面而不断扩充。

2. IP产业的整体状况

IP在中国的发展其实已经有很长的一段历程了,但是其市场化的产业运作刚刚起步而已。在过去几年里,IP作为文化产业重点,它的发展尤为引人注目。从2004年到2009年,国务院先后发布了多个有关IP产业发展的政策文件,支持有条件的文化企业进入主板、创业板上市融资。在这些政策的导引下,我国的企业在资本市场上获得了更多的支持和便利。

随着经营策略及实际操作情况的改变,IP的实际价值或许还会继续攀升。不过,在市场规模迅速扩大的背后,我国IP进一步发展所面临的瓶颈也逐渐凸显。其中整个IP链发展的不完整性、重点环节的薄弱问题、产业领袖的缺失、企业获取投资途径较少、上市融资较困难等问题尤为突出。

(二)我国典型的IP商业运营模式案例分析

1. 以《盗墓笔记》为例分析IP组合运营模式

《盗墓笔记》已经成为我国超级IP的代表之一,它先是以会员收费的形式在爱奇艺平台上吸引观众,后又以原著作者改编形式吸引原著粉丝,加上两种形式都由当红明星参与出演,更是使得票房大卖。《盗墓笔记》的组合运营模式,把所有的作品放到同一个平台上去贩卖,同时拥有电影版与影视剧版,不喜欢看书的可以看电视剧,对电视剧不满意的还可以去看电影,总有一个适合观众的形式。这是一种"聪明"的运营模式,给企业带来的经济效益是叠加的甚至翻倍的。

2. 以《魔兽世界》为例分析 IP"鱼饵"模式

2016 年《魔兽世界》电影正式在全球上映，其又掀起了一票《魔兽世界》游戏忠实粉丝的拥护热潮。自《魔兽世界》发布电影宣传片以来，全球的影迷和游戏迷对它都有相当高的期待，而它的制作及画面也确实没有让大家失望并取得了很好的反响。《魔兽世界》电影就是"鱼饵"，钓的"鱼"就是《魔兽世界》玩家，它用"鱼饵"吸引曾昼夜刷本的少年们来创造稳定的粉丝基础。"鱼饵"模式为网络游戏创造了另一发展空间，也为 IP 产业注入了新的元素，使游戏改编成为 IP 产业中一条新的血脉，为 IP 产业长远发展给予新的力量。

3. 以《大圣归来》为例分析 IP"影视众筹"模式

《西游记》在中国广为人知，孙大圣的形象经过六小龄童的演绎变得深入人心，成为每个人心中的英雄。《大圣归来》电影制作首先肯定了群众基础，其次省去了宣传费用，最后吸引了群众眼球。出品人仅需简单介绍电影及众筹需求，便可以准备电影制作并且自带群众粉丝基础。影视众筹模式，就是将众人的资金汇集制作影视，它可提前为产品进行广告性质的宣传，并且分散风险，降低门槛，以达成创造成本最小化、收益最大化的良好效果。

（三）IP 商业运营模式的优点

1. 实现了市场经济的共赢

IP 产业带动了相关衍生品的市场，抓住了网络文学这一资源。在分配资源上也相对科学，肯定了市场机制的作用，为广大群众提供了平台以参与市场经济的运行。在某种程度上，IP 产业的发展创造了更大的利益群体，为实现公平做出了很大的贡献，实现了市场经济的共赢。

2. 构建了全产业链的价值形态

IP 产业以原创作品为中心，打造了一个围绕原创展开二次加工的全产业链模式，也就是以版权为基本来经营。IP 产业就是重视知识产权，以一个原创 IP 为核心，在带动产业发展的渠道上进行开发研究、制造产品、扩张销售。从原创馆到整个产业链发展，扩展到多个其他领域来获利，构建了全产业链的价值形态。

3. 以市场需求为核心运营

IP 经济的发展越来越专业化，投资 IP 的企业以市场需求为核心来开发和运营产品，着重于用户在市场营销计划下对于某种 IP 产品的购买意愿和满意度。一切决策以市场需求为前提，在调查市场需求后对消费人群进行剖析，从而整合数据，以市场需求为核心运营。

（四）IP 商业运营模式的缺点

1. 商业模式发展不够完善

现如今的 IP 商业运营模式发展不够完善，没有一个确定的定律，在很多方面还都存在漏洞。商业模式包含了许多内容，涵盖的知识面也非常广。随着经济的发展，商业模式也在不断填充新的内容，而新元素加入却赶在人们的创新思维之前，所以人们有时不能用传统的商业模式理论来对待新的 IP 产业。

2. 不能持续高质量发展

IP 的资源是有限的，不是每一部网络文学都可以翻拍成影视剧，也不是每一部网游巨作都可以成为经典。有的 IP 作品并不能达到登上台面的程度，可是有些商家为了利益、为了追赶潮流，就硬是把它们放到市场上来，物极必反，得不到好的结果，更不会取得好的利益。而这种情况若是增加，就会拉低人们的鉴赏水平，使 IP 产业不能持续高质量发展，最终导致 IP 产业在娱乐市场上的没落。

3. 上市融资较难

虽然 IP 产业如今已经很火热了，但是在传统资本家的眼里，它并不能成为一种赚钱利器。在资本家看来，只有稳定的市场、稳定的需求才会使利益长存，才有投资的必要。尽管他们会投入一小部分资金在 IP 产业上，他们仍不会把重心放在 IP 上而依旧会专注于传统的产业。并且，在庞大的市场中，没有一个先例为投资者打下基础，投资者也不会贸然行动。因此，IP 产业的上市融资还是很难的。

（五）IP 商业运营模式的发展对策

1. 市场主导，整合产业链

在资本市场中，能正确主导经济的只有市场。IP 产业链在欧美国家比较完善，经过几十年的发展已经趋于整合。而我国的 IP 产业相当于刚起步，但是已取得了很大的成就，在很大程度上归功于市场的主导。市场是一只无形的手，在资源配置中市场起了决定性的作用。有了决策和引导，加上产业链的整合完善，这样 IP 这一产业才可以源源不断地创造财富。

2. 政策支持，解决 IP 资金问题

一个产业要想在社会市场中立足，首先便要有政策支持。政策就是企业发展的保障，有了政策支持和国家的首肯，在经济发展的道路上才可以顺利地前行。现如今已有了有关 IP 产业政策的颁布，但并没有普及。许多优质 IP 产业面临着被埋没的危机，只因它们被发现得太晚，或者即使被发现了也没有资金去创造。若是有政策的支持、资本的投入，优质的 IP 产业必会使我们的经济再攀一个高峰。

3. 多手段盘活实现 IP 价值最大化

网络文学，作为 IP 本源之一，在 IP 产业中占有很重要的地位。有些文字可以通过语言抒发出来，但是没办法用表演把它细化，人物的心理活动也只能靠我们自己的代入感去理解。所以，用网络文学改编影视剧的时候，往往需要原著作者参与编导，加入一些可以体现心理活动的情节，使整个 IP 展现得更加完美。只有 IP 的本质让大家了解并形成认知了，IP 体现的价值才可以最大化。

4. IP 本源保持优质与鲜活

中国拥有五千年的文化，相对于西方国家来说，中国人较为传统内敛，有些情感往往会通过文字或作品抒发出来。而创造原创优质 IP 更是人们的家常便饭，不会被当作负担。这时，企业所需要做的，便是广泛搜寻优质的 IP，只有有价值、有深层含义的 IP 才有发展的意义。因此，在广泛改编 IP 的过程中，更为重要的是取其精华。

5. 创新发展 IP 及其衍生产品的附加值

IP 指的就是原创的内容，优质的 IP 才可以成为创造价值的基础。现如今，每个产品都有其替代品和互补品，就是说有竞争品和衍生品，不存在单独一个产品直接进行销售的情况。只有创新发展 IP 才可以让投资商有更多的选择，让观众有更好的娱乐体验。一个 IP 的价值假设为"1"，从 IP 基础产品加工出的衍生产品也为"1"，加起来共同销售就可能成为"1+1 ≥ 2"的利润值，这就是衍生产品所能创造的财富和带来的附加值。创新 IP 只可能收益，而发展衍生品就会创造财富。

IP 商业模式的引入不仅可以为我国的经济发展带来很大的利润，还可以使我们这些观众对娱乐有新的热情，更对我们国家的经济发展有很大的帮助。IP 不再是古板的利益创造，而是融入了多方面的元素。IP 产业在市场上究竟会存活多久，谁都不得而知。而在它依旧繁华的年月里，企业更应抓住机遇，提炼优质 IP 加以创造，才可以创造更多的财富，为我国的经济画上浓墨重彩的一笔，也为我国人民提供更高层次的娱乐体验。

三、"社群+"模式

（1）认识"社群+"模式。

移动互联网改变着人们获取信息和社交的方式，使大众时代的消费力量在萎缩分散，小众和社群的力量在崛起，随着渠道、团队、产品纷纷碎片化，使得流量集中的难度越来越高。在移动商务时代，面对这些碎片化的渠道、个性化的需求，打造独具特色的社群，成为企业的首选。

"社群+"模式由此产生，企业为了满足用户多元化的需求，建立社群，并以社群为基础添加一定的内容，形成"社群+"模式，以此来精准地实现按需定制。"社群+"模式能够给企业指出一种定位用户的"捷径"，实现供给和需求两端的增加与平衡。如"社群+品牌+社交媒体"，是以社群为基础的，将品牌理念灌入社群，通过社群聚集粉丝，让粉丝认可品牌的同时，成为品牌的用户和推介者。此外，社群所处的平台不局限于单一地方，可以选择社交媒体中的微博、微信等多个端口。

（2）"社群+"模式的根本价值。

随着商业重心由物向人的转移，服务层面和产品层面的加强只能分出高低，不能分出胜负。因为人与物只可能产生弱关系，人和人才可能建立强关系。而社群就是用来强化这种强关系的载体，基于"社群+"（见图4-11）建立的移动商务模式，能够真正地向用户展现企业和品牌，这就是其价值所在。

图4-11 "社群+"

同时，在移动商务发展渐趋成熟的现在，社群以连接一切为目的，不仅仅是人的聚合，更是连接信息、产品、服务、内容、商业等的载体。所以，出现了"社群+信息""社群+内容+商业""社群+内容"等多种类型的"社群+"形式。企业结合实际情况选择合适的形式，以社群为基点，带动自身发展。

总体来看，通过"社群+"模式，企业在互动上，可以用社群来形成关注点；在传播方式上，可以用社群形成引爆点；在效果上，可以用社群形成制高点。但前提是，在模式选择时，不能局限于"社群"自身，而应该"加"更多元素，因为"连接"才是社群的核心价值。

任务评价

单位：分

类别	序号	考核内容及要求	分值	学生自评分数	教师评价分数
任务内容	1	了解移动商务创新模式	10		
	2	掌握移动商务创新模式的类型	20		
	3	掌握共享模式	20		
	4	掌握IP模式	10		
	5	掌握"社群+"模式	20		
学习态度	1	团队协作	10		
	2	积极完成任务	10		

学以致用

一、单项选择题

1. （　　）是指在平等的基础上，由多主体共建、资源共享、能够实现共赢的、开放的一种商业生态系统。

　　A. O2O模式　　　B. 平台模式　　　C. C2B模式　　　D. IP模式

2. 下列哪种模式不是按业务属性分类的平台模式？（　　）

　　A. 新媒体平台模式　　　　　　B. 电子商务平台模式

　　C. 移动运营商的平台模式　　　D. 垂直应用平台模式

3. 京东商城属于（　　）。

　　A. 新媒体平台模式　　　　　　B. 电子商务平台模式

　　C. 综合服务平台模式　　　　　D. 垂直应用平台模式

4. 对于进入移动互联网的企业来说，一开始选择（　　）是最佳策略。

　　A. 新媒体平台模式　　　　　　B. 电子商务平台模式

　　C. 综合服务平台模式　　　　　D. 垂直应用平台模式

5. 下列哪种不是按产业链运营主体分类的平台模式？（　　）

　　A. 新媒体平台模式　　　　　　B. 终端商的平台模式

　　C. 互联网公司的平台模式　　　D. 移动运营商的平台模式

6. 对于开发者和终端商而言，自由度越（　　），对于用户的控制力则越（　　）。

　　A. 大　强　　　B. 小　强　　　C. 大　弱　　　D. 小　弱

7. 下列平台模式与典型代表对应不正确的是（　　）。

　　A. 终端商的平台模式——谷歌

　　B. 互联网公司的平台模式——百度

　　C. 移动运营商的平台模式——中国移动MM商城

　　D. 互联网公司的平台模式——中国电信天翼空间

8. 互联网公司的平台模式是开放的，它的优势是其拥有的（　　），并在此基础上打造的互联网平台，互联网公司是平台的领导者。

　　A. 软件开发　　B. 核心应用　　C. 社交媒体　　D. 客户体验

9. 下列哪种形式不属于C2B模式的主要形式？（　　）

　　A. 聚合需求形式　　　　　B. 共享模式

　　C. 要约形式　　　　　　　D. 个性化定制

10. C2B模式的核心是（　　）的变化。

　　A. 用户观念　　　　　　　B. 用户角色

　　C. 用户定位　　　　　　　D. 用户个性

11. （　　）是C2B模式的核心内容。

　　A. AI　　　　B. BI　　　　C. IP　　　　D. API

12. 下列哪种模式不属于移动商务创新模式？（　　）

　　A. IP模式　　B. 共享模式　　C. O2O模式　　D. "社群+"模式

13. 在（　　）平台上，甲方的闲置物品可以在乙方获得"新生"，实现甲乙双方的共赢。

　　A. 淘宝　　　B. 转转　　　C. 拍拍　　　D. 抖音

14. 下列哪一项不属于IP商业运营模式的优点？（　　）

　　A. 实现了市场经济的共赢

　　B. 构建了全产业链的价值形态

　　C. 以市场需求为核心运营

　　D. 持续高质量发展

15. 基于（　　）建立的移动商务模式，能够真正地向用户展现企业和品牌，这就是其价值所在。

　　A. O2O模式　　　　　　　B. "社群+"模式

　　C. 平台模式　　　　　　　D. C2B模式

二、简答题

1. 简述平台模式的分类。
2. 简述平台模式战略定位。
3. O2O模式的盈利来源有哪几种?
4. 简述C2B模式的主要形式。
5. 简述移动商务创新模式。

三、案例分析题

希捷移动硬盘（见图4-12）为业界知名硬盘品牌。其通过"店铺运营＋一体化的数字化营销＋直播带货"，配合"技术顾问连麦＋IP形象打造＋达人种草＋KOL推荐"等方式，引导粉丝消费，转化率明显提高，使线上销量迅速增长。

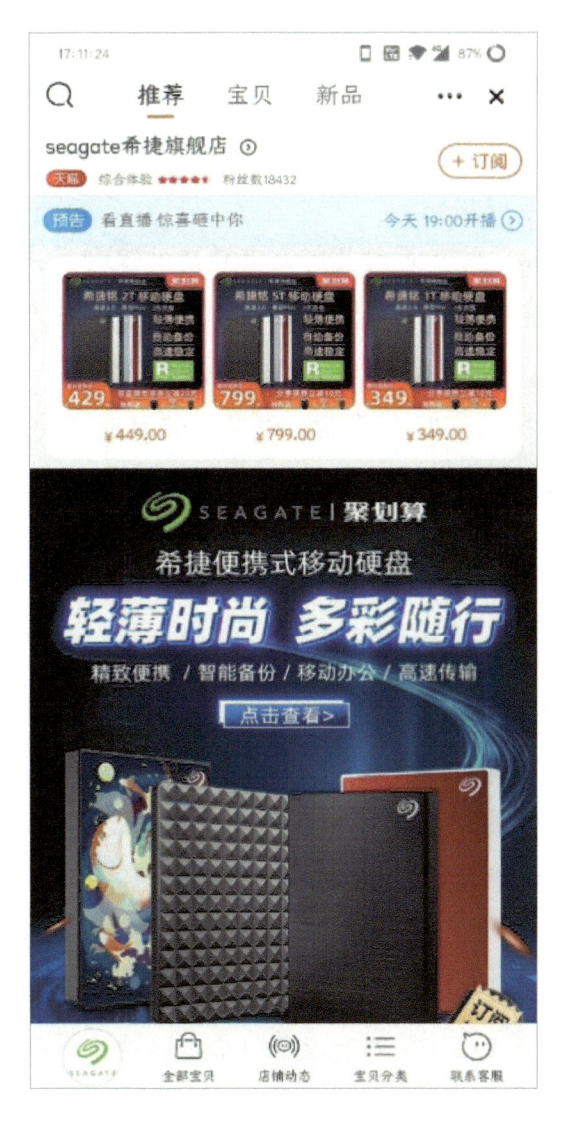

图4-12 希捷移动硬盘

请回答：

1. 此案例体现了移动商务经营模式的哪一种？
2. 该种经营模式有哪些优缺点？

知识拓展

社群电商不是传统电商或移动电商的颠覆模式，而是两者的深化延伸，它是一种商业意识形态的觉醒，是社群经济的线上表现形式，从某种意义上来说，社群电商是一套客户管理体系，通过客户的社群化充分激活企业的沉淀客户，它抛弃了传统的客户管理方式，将每一个单独的客户通过社交网络工具进行社群化改造，利用社会化媒体工具充分调动社群成员的活跃度和传播力，社群电商模型既适用于传统电商，也适用于移动电商，甚至它还适用于仅仅通过社交工具进行销售的微商。社群经济时代具有如下商业趋势。

一、基于粉丝的社群经营

社群经营的基础是粉丝，粉丝是对品牌充满感情的铁杆用户，粉丝的消费行为也是基于对品牌的感情基础的。苹果的商业模式就是在"果粉"基础上经营的粉丝经济，传奇的小米科技也是基于"米粉"对品牌的情感认同而建立的品牌。

社群经济就是这样的模式，即先通过社群定位好目标用户，再通过对用户需求的研究生产相应的产品，最大限度地保证产品属性与用户需求相统一，而不是按照产品去定义用户。

二、用户"智造"产品的时代

从前，制造行业强调的是制造，整个过程完全由企业掌控。现在，用户希望企业从产品研发就按照自己的需求来做，从创造过程开始参与。很多企业已经开始这样做了，让用户参与产品制造全程。在研发过程中加入用户的创意，利用用户的"吐槽"改善产品的结构，邀请用户参与提供需求，解决消费需求。

2011年5月，大众推出了"大众自造"网络互动平台。该平台以"汽车及设计"为主题，为公众提供汽车设计、虚拟造车、互动交流等多种沟通渠道，到2013年5月，已经吸引了1400万名用户的访问，产生了25万个造车创意。通过这个平台，大众得到了很多用户关于车的需求。

三、人人可参与的众筹商业

众筹模式是通过互联网众筹平台，将创业者和投资人直接联系在一起的商业模式。创业者将自己的创业项目在众筹平台上详细地展示出来，分散的潜在投资人可以在这个平台上浏览各个创业项目，发现感兴趣的项目就可以投资，而且由于对投资团队的规模没有要求，因而投资者门槛很低。这种模式中间环节少，双方可选择范围大而且操作简单，因而成功率和效率都比传统模式高得多。

在社群商业模式下，用户因为被好的内容吸引，聚集成社群，社群发展壮大，促成更多交易，完成商业变现。其中，内容是媒体属性，用作流量入口；社群是关系属性，用作流量沉淀；商业是交易属性，实现流量价值。

项目五 移动营销

项目描述

移动互联网被视为传统互联网之后的又一座"金矿",而移动营销是移动互联网中的热门项目。如今,世界正变得移动化。这些移动终端设备让人们在任何地方都能相互联络、获取信息、完成交易。

人们越来越多地使用手机及其他移动终端设备收发短信、下载应用程序、浏览信息、接收广告及消费,这些行为都为用户本身和营销行业带来了巨大的价值。对很多人来说,移动终端设备已经成为他们交流和消费的主要工具。营销活动必须跟上世界"移动化"的步伐。移动营销行业,是一个新的行业,因为网速快到多数人愿意用手持设备工作、娱乐和生活。用户在适应全新的移动互联生活,营销人员也在摸索移动营销的窍门。

本项目旨在梳理移动营销的概念、特点,分析移动营销的运行模式和营销策略,探索二维码营销和微信营销的商业价值和运行模式。

【学习目标】

素质目标

1. 牢固树立乐于奉献、客户至上、造福他人、服务社会的责任意识;
2. 培养移动营销人员的法治意识和职业道德;
3. 践行社会主义核心价值观,致力于打造诚信网络空间;
4. 作为移动营销人员,需要担当应有的社会责任,遵从网络行为规范和职业道德。

知识目标

1. 了解移动营销的概念和特点；
2. 理解移动营销的运行模式；
3. 掌握移动营销的策略；
4. 了解二维码的商业价值；
5. 理解二维码运营与营销模式；
6. 掌握微信营销的优势和模式。

能力目标

1. 能够形成移动营销思维；
2. 能够简单分析移动营销的运行模式与策略，提高移动营销的操作能力；
3. 能够根据实际需要，针对特定产品、用户、市场环境和既定的营销目标等进行移动营销方案的策划。

案例导入

澳贝玩具：互动就是最好的微信营销
——小鸡砸金蛋

不管是黑猫还是白猫，抓到老鼠的就是好猫；不管是技术还是情感，吸引到用户的就是好的传播手段！这款界面有趣、互动简单的"砸金蛋"游戏，就把品牌传播回归基本，直接把产品软性卖点植入其中，从而赢得更多的曝光点。

用户进入活动页面后，点击"金蛋抽奖"，一旦中奖就可以领取现金券，继而跳转至微店页面。而未中奖的用户，按照指引将链接分享到朋友圈或分享给好友，还可以再获得一次抽奖机会。对用户来说，通过趣味的游戏互动，以产品为利益驱动，不仅有了乐趣体验，还能获得奖品利益；而对企业来说，既做到了品牌的宣传，又能达到粉丝引流的效果。这对于一个全新上线的企业微信号来说，未尝不是一种可以借鉴的有效方式。

营销启示：别把用户想得太复杂！最简单的用户体验，有时就能带来最直接、最成功的传播效果。

微信公众号保持了较高的增长速度，很显然，微信营销的热潮方兴未艾，越来越多的品牌也将加大微信营销的投入。值得提醒的是，微信是移动互联网时代的主流代表，信息传递和媒体功能依然无法忽视。品牌应该理性对待微信营销，注重内容创意和首批用户的积累及黏度维护。微信营销是一场信息内容的竞争，表现形式的创意度决定着用户的选择权，在这个时间碎片化的时代，如何借助最新的技术打造话题性和情感性兼备的营销方式，是品牌需要深思的问题。

【案例思考】
1. 微信营销的优势有哪些？
2. 微信营销的模式有哪些？

任务一　移动营销概述

任务描述

移动营销是网络营销在移动互联网技术支持下的延伸，可以实现个性化的精准市场营销。移动营销传递的信息是为了实现企业与用户的一对一沟通，沟通的目的是提高品牌知名度、收集用户资料、增加用户参加活动或拜访店面的机会、增强用户信任度及增加企业收入。因此，我们首先要了解移动营销的概念和特点，形成对移动营销的基本认知。

任务实施

一、移动营销的概念

移动营销（Mobile Marketing）（见图 5-1）指面向移动终端设备（包括但不限于手机、平板电脑等）用户，在移动终端设备上直接向目标用户定向和精确地传递个性化即时信息，通过与目标用户的信息互动达到市场营销目标的行为。在移动互联网发展的早期，移动营销也被称为手机互动营销或无线营销。

图 5-1　移动营销

从概念上来看，移动营销是基于一定的网络平台实现信息的传播，这个网络平台既可以是移动通信网络，也可以是无线局域网络，而对应的接入手段或设备包括手机、个人数字助理、便携式计算机或其他专用接入设备等。

从本质上来看，移动营销是在强大的云端服务支持下，利用移动终端设备获取云端营销内容，实现把个性化即时信息精确、有效地传递给用户，达到一对一的沟通目的，移动营销的核心是互动。

二、移动营销的特点

在市场营销中，最重要也最本质的是在企业和个人之间进行信息的广泛传播与有效交换，如果没有信息交换，那么任何交易都会变成无本之源。移动技术与互联网技术的发展和成熟，以及其具有方便性和成本低的特点，使得任何企业和个人都可以很容易地进行信息沟通与交换。移动营销相对于传统市场营销和基于互联网的电子商务营销，在许多方面都具有明显的优势，移动营销呈现出以下特点。

（一）精准营销

随着手机的广泛普及，有手机的地方就会有用户，只要产品推广有创意，能够吸引住用户的眼球，那就能将营销更进一步了。给用户制造需求，用户才会跟着你的指引到达指定的地方，移动营销的准确性能让推广更具可能性。营销人员可以根据用户的兴趣、爱好、年龄层次、上网习惯和浏览记录等信息向用户推荐相关产品，以实现有针对性的精准营销，提高营销的效率和准确性。

（二）实时交互

在移动商务环境下，企业可以向用户提供更具个性化的产品和服务，这样有助于改善企业的客户关系管理，提高用户的忠诚度。用户也可以对产品从设计到定价和服务等一系列环节发表意见。企业和用户可以形成一种互动、互求、互需的关系，使企业实现更好的营销效果。

（三）即时性

移动营销传递信息的即时性，为企业获得动态反馈和互动跟踪提供了可能。移动营销使交易超越时间和空间的限制，用户可以随时随地通过无线设备进行移动支付和在线交易，并进行信息反馈。这种灵活性可以使企业随时随地掌握市场动态，了解用户的需求，有更多的时间和更大的空间进行营销。

（四）经济环保性

移动营销通过数字信息向用户进行产品和服务的宣传与推广，所花费的营销成本相对较低，与传统的营销手段相比，省去了印刷纸质广告所需要的费用及在电子媒体（如电视和广播）上所支付的广告费，并且不会产生任何营销活动带来的垃圾。

（五）信息整合性

移动营销可以完成从产品信息的发布，到交易操作的完成和售后服务的全过程，这是一种全程的营销渠道。另外，企业可以借助移动网络将产品的价格、外观、评测和用户使用效果等信息，通过文字、图片、视频等方式详细地展示出来，用户通过移动终端设备就可以直接浏览这些内容，了解产品各个方面的信息。移动营销的信息整合性功能越来越强。

（六）可监测性

企业通过手机等智能终端与用户建立一对一的互动，收集处理并应用用户的属性及行为特征数据，更好地服务于企业的营销活动，从而更好地发掘、创造并满足用户的需求。

任务评价

单位：分

类别	序号	考核内容及要求	分值	学生自评分数	教师评价分数
任务内容	1	移动营销的概念	20		
	2	移动营销的特点	20		
学习态度	1	独立分析	20		
	2	团队协作	20		
	3	积极完成任务	20		

任务二　移动营销的运行模式

任务描述

近几年，随着中国互联网技术的成熟与进步，移动网络的应用已经渗透到用户日常生活中的各个角落，用户通过移动端可以享受到更为高效、便捷的服务并获得良好的购物体验。此外，与传统营销下的用户群体相比，移动互联网下的用户群体更偏向社交化、本地化，消费特点表现为个性化、全天候和多渠道等。最后，移动互联网改变了原始的传媒方式，信息的传递方式已经发生巨大的变革，人人都是一个自媒体，都可以进行内容的创造。

因此，企业的传统营销方式必将面临移动营销的挑战。本任务主要分析移动营销的几种运行模式。

任务实施

一、推送模式

推送模式（Push 模式）是指企业直接向用户发送即时信息进行产品营销的模式。在推送模式中，以往应用最广的是短信服务（Short Message Service，SMS），现在以微信营销为主。

由于短信营销操作简单，成本较低，传播对象群体规模大，并且可以针对特定的对象展开营销。因此短信营销在移动营销中占据了很大的份额。它具有很强的针对性，主要体现在特定区域、特定人群、特定时间、特定内容等几个方面。

随着移动通信技术的进步，短信营销向更高层次发展，出现了支持多媒体传送的多媒体短信服务（Multimedia Message Service，MMS），即通常所说的彩信服务。相对于传统的文本短信服务来说，MMS 能够传递更全面的信息，如它可以发送图片、声音、动画等。

这种推送模式是企业主动将营销信息发给用户的一种模式，其优点在于可以迅速、便捷地将信息传递给用户，覆盖面较广；其缺点在于企业无法知道营销信息是否真正地传达给了用户，因为用户可能会对营销信息产生反感而在阅读前就将信息删除了。

研究者发现，只有当用户可以获得好处时才会情愿接收移动广告。因此，企业在采用推送模式进行市场营销时，应建立许可与退出机制，在用户许可的前提下向用户发送信息。

二、WAP 网站模式

WAP 网站模式有两种，一种是企业自建 WAP 网站模式；而另一种是企业与其他知名 WAP 网站合作模式。

WAP 将互联网和移动电话技术结合起来，使用移动终端设备（如手机、PDA）的用户能够访问互联网。用户只需要通过手机浏览器就可以登录 WAP 网站，在 WAP 网站上浏览新闻、收发电子邮件、下载文件等。

WAP 网站如同普通的互联网网站一样，为企业提供了又一个营销平台。企业可以在 WAP 网站上做广告，还可以提供电子折扣。一方面，用户主动在 WAP 网站上下载电子折扣券的方式将使企业的折扣信息传播得更广，更具有针对性。另一方面，企业通过 WAP 网站给用户发送营销信息可以采用流媒体等丰富生动的形式，强烈激发用户的兴趣。

企业自建 WAP 网站进行移动营销的优点是自由度较大、灵活方便，缺点是推广成本较高。WAP 网站的宣传，可以采用推送模式，将具有超链接内容的短信或彩信发送给用户；也可以通过购买关键字在搜索引擎网站进行推广，并且选择合理的搜索引擎运营商，实现效果监控和成本控制等。

采用与其他 WAP 网站合作的模式对于一些小企业来讲，是一种节约成本的可行方式，这种方式可以通过与知名 WAP 网站合作，在知名 WAP 网站上做宣传或开展互动营销活动。目前，国内较知名的 WAP 网站有手机新浪、移动梦网、3G 门户和空中网等。

三、终端嵌入模式

终端嵌入模式是将广告以图片、屏保、铃声和游戏等形式植入企业生产的手机中，通常以买断的方式，在一个品牌的每部手机里投放 3～4 个广告，并将一定的广告收入分给手机厂商。这种模式代表了未来手机广告的发展方向。

对终端的占有，是一种行之有效的模式。相对而言，这种模式是最具创新性而又最具难度的，同时也能最有效地形成壁垒。不过，这种嵌入式广告的模式只能覆盖少数几款手机，因而广告的覆盖范围有限，且容易造成用户的反感。

任务评价

单位：分

类别	序号	考核内容及要求	分值	学生自评分数	教师评价分数
任务内容	1	推送模式	20		
	2	WAP 网站模式	20		
	3	终端嵌入模式	20		
学习态度	1	独立分析	20		
	2	团队协作	10		
	3	积极完成任务	10		

任务三　移动营销的策略

任务描述

从广义上来讲，移动商务是传统电子商务的延续，因此，应该分析传统网络营销的策略和方法，围绕以服务用户为中心的宗旨，结合目前移动商务发展的现状和特点及未来发展的趋势，采用合适的移动营销策略。

任务实施

一、传统营销的 4P 营销策略

4P 营销策略（The Marketing Theory of 4P）产生于 20 世纪 60 年代的美国，是随着营销组合理论的提出而出现的，被归结为 4 个基本策略的组合，即产品（Product）、价格（Price）、渠道（Place）、促销（Promotion），因为这 4 个词的英文翻译首字母都是 P，所以简称"4P"。

1953 年，尼尔·博登（Neil Borden）在美国市场营销学会的就职演说中创造了"市场营销组合"（Marketing mix）这一术语，其意是指市场需求或多或少地在某种程度上受到所谓"营销变量"或"营销要素"的影响。

1960 年，美国密歇根州立大学的杰罗姆·麦卡锡教授在其《基础营销》一书中将这些要素概括为 4 类，即产品（Product）、价格（Price）、渠道（Place）、促销（Promotion）。

1967 年，菲利普·科特勒在其畅销书《营销管理：分析、规划与控制》第 1 版进一步确认了以 4P 营销策略为核心的营销组合方法。

（一）产品

在产品营销策略中，企业应注重开发的功能，要使产品有独特的卖点，把产品的功能诉求放在第一位。

（二）价格

企业应根据不同的市场定位，制定不同的价格策略，产品的定价依据是企业的品牌战略，注重品牌的含金量。

（三）渠道

企业并不直接面对用户，而是注重经销商的培育和销售网络的建立，企业与用户的联系是通过分销商来进行的。

（四）促销

企业注重营销行为的改变来刺激用户，以短期的行为（如让利、买一送一、营销现场气氛等）促成消费的增长，吸引其他品牌的用户或自己品牌的用户提前消费来促进销售的增长。

该理论认为：如果一个营销组合中包括合适的产品、合适的价格、合适的分销渠道和合适的促销策略，那么这将是一个成功的营销组合，企业的营销目标也将得以实现。这一理论对以后营销理论的发展和实践都产生了深远的影响，被视为营销理论的经典，时至今日，它仍是许多营销部门选择营销战略时的重要依据。

二、4C 营销策略

随着"以用户为中心"时代（这是一个充满"个性化"的时代）的来临，用户的心态差异很大，传统的 4P 营销策略已无法顺应时代的要求，于是营销学者提出了新的营销要素。

1990 年，美国的罗伯特·劳特伯恩在《广告时代》杂志上对传统的 4P 营销策略提出了新的观点："营销的 4C。"该营销策略强调企业应该把追求用户满意放在第一位，产品必须满足用户需求，同时降低用户的购买成本，企业在研发产品和服务时就要充分考虑用户的购买力，要特别注意用户购买的方便性，最后还应以用户为中心实施有效的营销沟通。4C 营销策略包含以下内容：

（1）用户的需要与欲望（Consumer's needs and wants）；

（2）用户获取满足的成本（Cost to satisfy consumer's needs and wants）；

（3）用户购买的方便性（Convenience to buy for consumer）；

（4）与用户沟通（Communication with consumer）。

将 4P 营销策略与 4C 营销策略进行对比可以看出，4P 营销策略的思维基础是以企业为中心的，因而适合供不应求或竞争不够激烈的营销环境；4C 营销策略的思维基础是以用户为中心的，是用户在市场营销中越来越居主动地位、消费的个性化需求越来越高、市场竞争空前激烈、传播媒体高度分化、信息膨胀过剩的营销环境下的必然要求。4C 营销策略认为，只有了解用户真正的需要，并据此进行市场定位，才能确保营销的最终成功。

三、4I 营销策略

4P 营销策略从企业的角度来思考问题，4C 营销策略则站在用户的角度来思考问题，但它们都是对营销过程中重点元素的静态描述，没有侧重从企业整体运作的角度将其表述为一个动态的过程，它们的营销理念仍是"粗放"型的。相对于 4P 及 4C 营销策略，无线营销则更加丰富和细腻。无线营销具有鲜明的可量化、能互动、能识别、可锁定、即时快速的特征，这些特征可以将用户与企业更加紧密地结合在一起，使营销理论和实践向更深、更广的层次发展。

4P 与 4C 之间是一种互补、完善和发展的关系。因此有学者提出了可以更好地应用在无线营销上的"4I 营销策略"。"4I 营销策略"是指分众识别（Individual Identification）、即时信息（Instant Message）、互动沟通（Interactive Communication）和"我"（I）的个性化。

（一）分众识别

分众识别即识别沟通的分众对象并与其建立"一对一"的关系。分众的精细化是目标个体，也就是说目标用户已经不是抽象的某一个群体了，而是差别化的个体。移动营销是利用移动终端设备与差别化的个体进行"一对一"的沟通。同时，这种目标个体是可以被识别的，即分众的量化，这种识别包括对不同用户的个性需求进行识别，以及对同一用户在不同地点、不同时间段的特定需求进行识别。既然个体是可识别的，就可对目标用户的个体进行量化管理。在现实中，每个用户都是独一无二的。传统营销理论回避了到底用户是谁的问题，企业与用户建立的关系是模糊的、不可识别的，知道用户有需求，但对这是"谁"的需求，"他"到底在哪里，却不能回答；大量的促销活动可以轻易地使用户转移对品牌的喜好，使用户的品牌忠诚度更难把握和琢磨。

所以，电子商务时代消费渠道的畅通和便利，使用户能轻松地转移品牌，如此，用户的品牌忠诚度将更难把握和捉摸。而移动营销可做到分众识别、个体锁定、定向发布广告，将有助于刺激用户的购买欲望，提高交易的成功率，提升用户的品牌忠诚度。

（二）即时信息

即时信息意味着企业和用户能建立即时有效的沟通。企业站在用户的角度倾听用户的愿望和诉求，并能够迅速做出反应，满足用户的需求。移动营销的动态反馈、实时互动和服务跟踪特性为这种营销策略提供了可能。

在这里需要强调的是，移动营销的即时信息体现在即时性和定时性两个方面。即时性是指移动终端设备的便利性使得移动营销可以及时地与目标用户进行沟通，快速提高企业对市场的反应速度。定时性则意味着广告发布是可以定时的。这是因为当企业对用户的消费习惯有所觉察时，一方面可以在用户最有可能产生购买行为的时间发布产品信息，这需要对用户的消费行为进行量化的跟踪和调查，同时在技术上有可以随时发布信息的手段。另一方面，也要求企业在识别用户地理位置后即时触发营销行为，主动推送营销信息。

（三）互动沟通

互动就是参与。即企业通过"一对一"的无线互动营销，与用户形成一种互动、互求、互需的关系。

用户忠诚度是不断变化的，用户会随时选择品牌转移，要保持用户的忠诚度，赢得长期而稳定的市场，就要依赖于"一对一"的无线互动营销，它可以与用户形成一种互动、互求、互需的关系。在移动营销活动中，"一对一"的互动关系必须对不同用户的营销深度、层次加以甄别，针对不同的需求，识别出不同的个体，这样才能使企业的营销资源有的放矢。

（四）"我"的个性化

移动营销出现之初，用户的消费大多带有猎奇心理，以新鲜和时尚型消费为主。手机、便携式计算机、PDA具有个性化、私人化、功能复合化及时尚化的特性。用户的消费模式逐渐以个性化为主，"让我做主""我有我主张""我的地盘我做主""我运动我快乐""我有，我可以""我能"等口号，传达出越来越明显的个性化特征，这种消费诉求要求企业的营销活动也要具有个性化，所传递的信息也要具有个性化，用户对于个性化的需求将比以往任何时候都更加强烈。

随着移动营销的发展，用户的消费模式也在不断成熟，并逐渐转化为以个性化、注重个人感受为主的体验型消费模式。这种个性化的消费诉求要求企业更加关注每个消费个体的消费习惯、兴趣偏好和个性品位等，个性化需求的满足成为能引起用户共鸣的有力武器。

任务评价

单位：分

类别	序号	考核内容及要求	分值	学生自评分数	教师评价分数
任务内容	1	4P营销策略	20		
	2	4C营销策略	20		
	3	4I营销策略	20		
学习态度	1	独立分析	20		
	2	团队协作	10		
	3	积极完成任务	10		

任务四　二维码营销

任务描述

近年来，由于二维码具有较强的互动性，二维码营销成为各企业争相使用的热门营销方式。在线上方面，二维码不仅具有其他营销媒介在营销上的一切功能，而且能够在提升用户满意度的情况下利用互联网技术呈现立体式精准营销。而在线下方面，二维码弥补了其他营销媒介在反馈方面的缺陷，使营销在线上线下紧密结合，更好地从用户的角度以需求拉动式推进营销发展。二维码已经逐渐成为移动终端设备的新型信息获取方式，其所受关注度不断上升。由此，二维码成为移动营销的重要技术手段之一。

当前二维码的应用已如火如荼，并渗透到了餐饮、购物、超市、汽车、传媒和旅游等多个行业，用户只要用手机扫一下介质媒体上的二维码，就能获知相关信息，如可以轻松获得电子优惠券、超市打折信息和电子门票等。企业可以通过二维码向自己的特定目标用户群体传递商务信息，真正实现精准营销。对于二维码达人而言，匆忙上班的路上拿出手机随手扫一下订餐二维码，到办公室时早餐就已放在桌上；外出旅行无须导游，扫一下景点二维码便能感受动态的现场讲解；二维码的应用场景还有购物、乘坐飞机和看电影等。

任务实施

一、二维码的商业价值

目前，二维码的商业价值主要有以下4种。

（一）传播商业信息

不论是电子凭证，还是图表、媒体或产品信息，其实都是信息传播的概念，用户用手机扫描二维码即可进入与它对应的地址，获得完整的数据。商家则通过发送电子凭证和铺设扫码硬件设备到本地商家，以此来建立一个完整的商业圈模式。

（二）产品展示，品牌宣传

二维码在日常生活中的应用非常广泛，一方面可以对企业的品牌资讯进行展示，另一方面还可以吸引用户消费。用户在扫码之后可以获得有关企业的信息、品牌的信息及活动的信息等，这极大地帮助了企业进行对外宣传，以及精准的营销活动设计。

（三）提供互动入口，用户获取增值服务

二维码作为用户服务入口，更便于用户通过扫码获取企业提供的会员特权及售后等个性化的服务，同时更便于企业了解用户的消费行为和习惯，更好地为用户提供有针对性的服务。

用户通过扫描二维码来关注好友，或进行优惠券领取、投票报名、参加调研等，向企业回传用户的信息，这样企业就能将广告投放效应最大化，获得宝贵的用户互动数据。这样的互动购买模式已经在电影、电视、杂志、宣传册和广告等领域开始使用。

（四）产生线上交易

二维码可以直接把用户带往某个产品的电子商务平台，进而产生交易。原来需要用户进入实体店或在网上购买的流程，现在可以通过扫描二维码来实现，在手机上完成购物支付流程的方式可以弥补在原来无法涉足的空间进行消费的需求。例如，支付宝与分众传媒的合作就是采用这一模式，用户只要扫描分众传媒广告上的二维码即可在手机上实现购物并支付。

以上是二维码的商业价值。二维码作为用户的感知入口，主要就是利用用户扫码后获取到的信息来进行更好的个性化购买行为和习惯的分析，只有利用这些数据才能帮助企业更好地立于不败之地。

二维码将纸质媒体、网站、户外广告等各种传统媒体联动起来，为手机与外部媒体间的互动提供了一种方便、安全的途径。同时，二维码优惠券作为新型的产品促销方式，为商家节约了成本，也为用户提供了优惠活动。另外，二维码作为新型的移动支付方式可以帮助小微商家实现方便快捷的线下支付活动。随着网络的发展和移动终端设备普及性能的提升，手机二维码业务在移动商务上将有更大的应用。

在数字化经济时代，二维码营销（见图 5-2）响应消费升级的趋势，努力拓展业务范围广度，持续深化数字化营销变革，深刻演绎"互联网+"的商业意义，为企业提供二维码营销综合服务。

图 5-2 二维码营销

二、二维码移动运营与营销模式

互联网的发展，智能手机的普及，人们愈加重视互动和信息的传播。二维码加强了商家和用户之间的互动和信息的传播。二维码是开源的，参与成本低，使其在中国具备了爆发的背景条件。

目前，二维码移动运营与营销模式可以分为网络社交类、服务提供类、电商购物类、媒体阅读类和应用工具类。

（一）网络社交类

二维码在移动营销中不仅可以用来提供信息，还可以参与社交网络上的推广营销。目前，网络社交类二维码移动运营与营销模式主要以腾讯微信和新浪微博为代表。

1. 腾讯微信

微信二维码是腾讯开发出的配合微信使用的一种新方式，是含有特定内容格式的，只能被微信软件正确解读。早期手机二维码面对的最大难题就是用户基数和使用习惯的问题。微信目前已成为比微博还火热的营销利器。微信将二维码融入社交活动中，使其成为承载交友信息的一种方式。微信团队为了避免用户使用二维码太过枯燥，还推出了二维码背景装饰功能，用户可以根据自己的喜好挑选各种彩色图形作为自己的二维码背景。

2. 新浪微博

新浪微博也添加了二维码功能，微博二维码提供多种功能和服务，既为用户（商家或个人）带来了更便捷、更好玩的操作体验，也为其创造了一个提高关注度和进行营销的机会。

商家在发布微博的同时，利用微博的强大用户数，可以将自己的应用地址生成二维码。

当用户看到自己感兴趣的微博内容的时候，使用二维码识别软件扫描二维码即可下载相关内容。微博二维码功能上线后，用户可以轻松分享专属二维码并在多种场景推广自己，或者可以利用微博客户端扫描微博二维码，省去了烦琐的输入搜索，从而实现更快互粉、浏览网页或发布微博。

商家可以将活动地址集成于二维码上，在微博及接近用户的渠道进行传播。二维码面积小、集成信息多、易于传播的特性能更有效地提升活动覆盖面，甚至品牌影响力，为商家实现不可估量的商业价值。

目前，微博二维码主要支持以下3项功能服务。

（1）打开个人资料页面实现快捷互粉；

（2）打开指定网页；

（3）直接打开已输入特定内容的微博发布框。

虽然新浪微博宣称，二维码的推出开启了它向本地生活服务领域的渗透，但从目前的产品形态来看，它主要还是依托自己庞大的用户群，将二维码作为辅助功能以增加产品活力。

（二）服务提供类

服务提供类的二维码范围比较广，如二维码营销，以及为用户提供从票证检验到物品信息二维码化的一整套运营解决方案皆属此类。服务提供类的二维码移动运营与营销模式，其盈利能力不容小觑。

例如，在移动通信领域，随着移动终端设备的智能化发展，移动终端设备能够发挥的作用也与日俱增。这些携带方便、操作简单的移动终端设备将人们的交易身份、通信身份、自然身份这3个身份进行了有效的融合。目前，在电子VIP、电子折扣券、电子积分兑换、移动票务、身份识别等方面，二维码均已取得大范围的可观应用。此外，在手机增值业务当中，二维码也发挥着十分重要的作用。用户利用手机查询产品的最新信息，及时了解产品价格和优惠的最新动态，从而第一时间做出消费决策。

二维码电子凭证（见图5-3）的具体业务应用。电子回执是以二维码技术条码为载体的电子应用产品，在电子支付业务过程中扮演着电子凭证的角色，填补了目前电子商务交易完成时缺乏电子凭证的空白，完善电子支付业务将推动移动商务的发展进程。用户通过票务代理商的网站获知影视资讯，发送订购信息后通过灵活的支付方式完成支付环节（在支付时尽量通过手机支付）。通过把手机支付和电子回执绑定，在手机上完成全部操作。移动票务业务在商用时尽量避免沦为通道，移动公司在与票务提供商合作时要处于掌控位置，通过应用二维码电子回执提升移动公司的品牌知名度，还可以通过新业务的应用发掘用户需求并不断满足，针对用户定位，把现有业务不断延伸。

图 5-3　二维码电子凭证

（三）电商购物类

现在的二维码已经在"电商购物"领域发挥出了重要作用，像 1 号店就抢先把扫描二维码作为新型购物方式，在各大地铁站设立了购物服务区，并在琳琅满目的产品下放置了二维码标签，建立起二维码超市，如图 5-4 所示，用户可扫码选购。淘宝网的二维码更是用途广泛，如推广店铺、营销活动和电子券发放等。此外，二维码还有打假防伪功能，用手机扫描产品二维码，自动联网验证产品信息，可以让用户有效辨识所购买产品是否为假冒伪劣产品。如今，我们在购物前扫描产品下面的二维码，就可以获取产品价格、规格、运费等各种信息，再填上自己的收货地址，就算购物完成了。

因此，依托于二维码的移动商务平台将成为众多公司未来的核心业务，用户扫描二维码后登录其移动商务平台实现购买，这种模式必将催生出体量巨大的公司。也就是说，有二维码的地方，只要用户打开手机扫一扫，就可以直接购买。

图 5-4　1 号店购物二维码

（四）媒体阅读类

媒体阅读类二维码（见图 5-5）蕴含着极大的信息量。随着智能手机在日常生活中的普及，Android 和 iOS 智能手机系统的崛起，二维码扫描阅读，将改变人们阅读的习惯。

众所周知，在手机上编辑网址十分费力，而如果使用二维码则只要扫一扫就可以进入相关阅读页面了，既方便又快捷。

图 5-5 媒体阅读类二维码

（五）应用工具类

应用工具类二维码移动运营与营销模式根据业务形态可分为被读类业务和主读类业务两大类。

（1）被读类业务。被读类业务是指应用方将业务信息加密并编制成二维码图片后，通过短信或彩信的方式将二维码发送至用户的移动终端设备上，用户在使用时通过设在服务网点的专用识读设备，对移动终端设备上的二维码图片进行识读认证，以此作为交易或身份识别的凭证来支撑各种应用，如用于电子票务和消费打折等。

（2）主读类业务。主读类业务是指用户在手机上安装二维码客户端软件，进而识别媒体和报纸等上面印刷的二维码图片，获取二维码所存储的内容并触发相关应用。用户利用手机自带的相机拍摄包含特定信息的二维码图片，通过二维码客户端软件进行解码后触发手机上网、名片识别等多种关联操作，以此来获取各类信息服务。这类二维码应用可用于查询信息、防伪溯源、购物付款和执法检查等。

任务描述

单位：分

类　别	序　号	考核内容及要求	分　值	学生自评分数	教师评价分数
任务内容	1	二维码的商业价值	20		
	2	二维码移动运营与营销模式	20		
学习态度	1	独立分析	20		
	2	团队协作	20		
	3	积极完成任务	20		

任务五　微信营销

任务描述

微信是腾讯公司在2011年1月21日推出的一款免费通信软件，起初只有简单的聊天、分享照片或视频的功能，随后上线的微信支付开启了互联网线上支付的新时代，从通信软件变成集社交通信、金融、娱乐、生活于一体的综合平台。腾讯2023年3月31日发布的2023年第一季度财报显示，微信及WeChat的合并月活跃用户数已达到13.19亿人，同比增长2%。作为拥有最庞大的活跃用户的平台，微信拥有独特的、完整的营销渠道，商家可以通过这个平台，以朋友圈、微信公众号、微店、微信小程序、微信群接龙等方式，对产品进行推广、销售。

微信营销是网络时代企业营销的一种新模式，是伴随着微信的火热而兴起的。微信不存在距离的限制，当用户注册微信后，可与周围同样注册过微信的"朋友"形成一种联系，用户可以浏览自己所需要的信息，商家可以通过提供用户所需要的信息，推广自己的产品，从而实现点对点的营销。

微信营销主要体现为以Android、iOS的手机或平板电脑中的移动客户端进行区域定位营销。商家通过微信公众平台，结合微信会员管理系统展示商家微官网、微会员、微推送、微支付、微活动，已经形成了一种主流的线上、线下微信互动营销方式。

本任务主要介绍微信营销基本认知、微信营销优势及微信营销模式。

任务实施

一、微信营销基本认知

（一）微信简介

微信是腾讯公司于2011年年初推出的一款可以快速发送语音、视频、图片和文字并支持多人语音对讲的手机聊天软件。微信提供公众平台、朋友圈、消息推送等功能，用户可以通过"摇一摇""搜一搜""附近""扫一扫"等方式添加好友或关注公众平台，同时通过微信可以将内容分享给好友或将自己看到的精彩内容分享到微信朋友圈。

随着微信的不断改进，越来越多的商家和企业看到了微信营销（见图5-6）的潜力。从诞生于微信团购的微店网，到后来微信公众平台推出的微店，再到微信支付与微店平台的结合，微信正被越来越多的微电商所接受，并迸发出越来越强大的力量。

图 5-6 微信营销

（二）微信的营销功能

传统的营销方式成本比较高，不管是在电视和报纸上做广告，还是雇人发传单成本都很大，如何最大限度地降低营销成本，是商家和企业所面临的主要课题。微信出现之后，困扰着众多商家和企业的营销成本问题有了解决之道。

1. 微信软件本身的使用是免费的

微信的各种基础功能都是不收费的。微信营销和传统营销相比，成本非常低廉。

2. 微信朋友圈的流量价值巨大

在微信出现之前，所有和互联网有关的生意都面临着持续购买流量的巨大经营压力，一般而言流量购买主要是指企业通过从搜索引擎网站购买关键字的竞拍价格，按照点击量进行付费。用户通过搜索关键字查找到企业的品牌，登录企业及与其产品相关的网站，最终实现企业品牌和用户之间的连接。微信营销不存在流量购买问题，一旦有人加入了你建立的微信群，只要你维护到位，推送内容符合对方的口味，对方就会一直停留在你的微信群里，等到好友数量达到了一定程度，就可以摆脱流量购买的成本压力。

3. 微信后续维护简单持久性强

不论是在电视和报纸上做广告还是购买流量，商家和企业都需要不断地投入资金，一旦停止投入就会前功尽弃。微信只需要用户手里有智能手机而且能够连接互联网，就能随时随地持续不断地进行营销，从而保证了微信营销的持久性。

二、微信营销优势

在移动互联网快速发展的情况下,微信营销凭借其庞大的用户群体,以及营销成本低、定位精准、方式多元化、人性化和信息到达率高的优势,在经济高速发展背景下火爆盛行。

阿里巴巴集团对外发布的网络营销报告称:"九成以上的中小型企业存在网络营销瓶颈。绝大多数网站经营者寄希望于搜索营销带来访客流量,却不知如何把自己网站的访客流量转化为自己企业产品的销量。"通过分析国内数万条企业网站的用户数据不难发现,网络营销一般都是三部曲:"建站+推广+电话"。在微信时代来临之前,中小型企业学会了"门户+搜索+论坛"等多种网络营销策略的综合运用。网络营销提倡按效果付费,但对中小型企业而言,如何使流量转化为销量已成为企业网络营销的瓶颈。企业投资在网络营销方面的钱越来越多,但效果没有显著提升。

微信营销的概念出现在网络营销快速发展阶段,在这一时期,网络消费文化逐步形成,面向用户的电子商务范围不断拓宽,网上消费服务模式日渐丰富和成熟,为企业网络营销的发展奠定了坚实的用户基础,因此,它能够将所有网络营销的方式完美地整合起来,取其精华,去其糟粕,成为各家企业的营销首选。

选择微信营销的目的是更加有效地配置企业的营销资源,提升营销效率,降低企业营销的成本,以较低的营销成本使营销的影响力最大化,以及增强企业市场竞争力。而我们的工作就是让企业合理利用网络营销,帮助中小型企业提高网络营销转化率,从而让中小型企业通过网络营销来获取实质性的效益,让我国的企业网络营销行业良性发展。其实,很多人开始使用微信是因为其图文并茂的通信功能,尤其是微信的视频对话功能让每个人都可以和朋友实时"面对面"聊天。在使用微信中,我们可以给好友发送文字、语音、图片及视频信息,也可以群聊。微信的信息传播接收率很高,这是优于其他产品的。此外,微信是一种快速的即时通信工具,具有零资费、跨平台沟通、私密性、显示实时输入状态等特点,与传统的短信沟通方式相比,更灵活、更智能,且节省资费。

下面从微信营销的优势和技巧两个方面进行阐述。

(一)微信营销的优势

(1)发展空间大。腾讯控股公布的 2023 年第一季度财报显示,截至 2023 年 3 月 31 日,微信及 WeChat 的合并月活跃用户数为 13.19 亿人,同比增长 2%。

(2)运营成本低。传统的营销推广成本高,而微信软件本身的使用是免费的,使用各种功能都不收费,仅使用微信产生的上网流量由网络运营商收取较低的流量费,也就是说,微信从注册、开通到使用几乎是免费的。所以,通过微信开展的营销活动的成本自然也是非常低的。

（3）精准的推送。微信公众号让粉丝的分类更加多样化，并可以通过后台的用户分组和地域控制，实现精准的消息推送。也就是说，可以把不同的粉丝放在不同的分类下，在发送信息的时候，可以针对用户的特点实现精准推送。

（4）更加多元化。与较为单一的传统营销方式相比，微信的营销方式则更加多元化，微信不仅支持文字，还支持语音及混合文本编辑，普通的公众账号可以群发文字、图片、语音3个类别的内容。

（5）服务人性化。微信营销是亲民而不是扰民，用户可以对其许可方式选择接受或不接受，微信公众号的内容推送既可以主动推送，也可以把接收信息的权利交给用户，让用户自己选择其感兴趣的内容，比如回复某个关键字就可以看到相关的内容，这使得营销的过程更加人性化。

（6）精准到达率。在微博上发布信息时商家不知道粉丝是否真正看到了消息、了解了商家所要表达的内容。但微信不同，由于每一条信息都是以推送通知的形式发送的，其所发布的每一条信息都会送达订阅用户手中，到达率可以达到100%，传播到达率高于微博。

（二）微信营销的技巧

目前，很多微信用户利用微信进行营销推广，并且获得了成功。较为著名的有杭州"的哥"蒋烨利用微信约车月收入过万，"90后"微信水果店高额创收等。这些成功的微信营销案例，为微店店主们提供了范例。其中有以下几种技巧可以借鉴。

（1）用户定位。不同行业、不同产品有着不同的经营方法，微信营销借助微信这个移动互联网的战略平台展开，但是它并不适用于所有的行业或所有的产品。

（2）内容定位。微信内容的定位应该结合店铺自身的特点，同时也要立足用户的角度来考虑，而不是一味地推送店铺的内容。微信不是为店铺服务的，而是为用户服务的，用户只有从微信当中获得想要的东西，才会更加忠实于商家，才会和商家成为朋友，才会促成接下来的销售。

（3）增加互动。长期的、相似的内容推送，会造成用户的审美疲劳，从而降低其活跃度，新奇有趣的活动可以保持用户的活跃度并增加互动。所以，除了日常的推送，商家还需要策划一系列的微信活动。

微信的出现改变了人们的生活，但是真正让微信营销形成体系的是微信公众平台的开放，其不仅成为微信的一大特色，还逐渐成为整个移动互联网甚至物联网的入口所在，正因如此，我们才看到了微信营销的威力所在。

微信公众平台是腾讯公司在微信的基础上新增的功能模块，通过这一平台，个人和企业都可以打造一个微信公众号，并实现与特定群体进行文字、图片、语音等的全方位沟通互动。

企业微信公众号是企业媒体发布平台、销售信息发布平台、危机公关平台、用户互动平台、促销活动开展平台、新品展示平台、产品在线销售平台、网上支付平台、调研平台、公司企业文化传播平台、人才招聘平台……一切企业关注的、企业需要的，在企业微信公众号都可以实现。

三、微信营销模式

微信营销的产生，让众多企业和商家瞄准了这个平台，越来越多的微商出现在这个平台，微信营销价值无疑得到了更高的提升。在微信朋友圈，充斥着各种微商广告，产品推销模式也大不相同。

微信营销并不是单一的一种营销方式，而是基于微信这个平台开展的营销活动，由于微信平台的多样化，因而在此基础上构建的营销方式也呈现出不同的模式。

F2F（Face to Face）模式，微信商家可以直接通过与目标群体的沟通，了解用户群需求，为用户提供定制化、个性化服务。这种模式的核心是用户，注重用户的需求，以用户为中心量身定做服务。通过直接一对一沟通，对用户的数据包括个人信息一目了然，甚至可以直接对准用户，先了解他们的个人需求和想法，再提供相关服务。这样的营销模式是传统营销平台很难实现的。

微信是真正意义上的F2F模式，商家通过查看企业微信公众号，用户数据一目了然，而且手机端的特性决定了信息能随时随地到达用户手中。商家可以准确了解用户，也可以直接与用户进行沟通，甚至进行交易。这是完全的F2F模式。

（一）微信营销F2F模式与企业品牌推广

品牌推广（Brand Promotion）是指企业塑造自身及产品品牌形象，使广大用户广泛认同的系列活动过程。品牌推广有两个重要任务：一是树立良好的企业和产品形象，提高品牌知名度、美誉度和特色度；二是最终要将有相应品牌名称的产品销售出去。

而品牌推广除树立良好的品牌形象之外，更重要的是要有媒体品牌推广的渠道。现如今是渠道为王的时代，渠道对于品牌推广费用的消耗和控制力都很大，远远比负责直接投放宣传品牌的企业主的力量大，这样就造成了一种现象的产生：中间渠道商控制或提高媒体推广的成本费用，甚至可能左右推广宣传的时间策略等，这对于直接品牌推广的企业非常不利。品牌推广的企业在整个营销渠道的谈判和力量对比中处于劣势，造成意图传达或传递的品牌价值得不到彰显。

而微信带来的 F2F 模式可以使企业跳过媒体渠道，直接进行宣传。品牌推广的企业对终端有直接的控制权和传播权，也在整体的推广中处于优势主导地位，远远地抛弃了中间服务商的控制。企业可以直接将自己的产品和企业品牌形象第一时间以最快的速度展现给终端用户。

（二）微信营销 F2F 模式下的用户沟通

得用户者得天下，在产品同质化严重的今天，对很多企业来说，成功与否的关键不是产品质量和品牌形象，而是能否与用户建立有效的沟通机制。毕竟，企业所有的产品定位、品牌战略、市场战略等，最终的目的就是占领市场，赢得用户。只有用户购买了企业的产品，企业才能获得利润，才能产生源源不断的动力。

沟通机制不但包括定期/不定期的交流和沟通，而且需要有对精准用户的挖掘及对用户需求的分析和把握。企业的终端表现和服务态度让用户满意了，无疑会增进企业与用户之间的感情，用户在多次购买行为之后，最终会形成对品牌的忠诚度。而对于企业来说，这样的终端表现也是一次绝佳的品牌推广。

而传统的沟通机制、用户调研及意见收集反馈、舆情监测，企业更多依赖于第三方或组织外派专人来负责，往往需要花费很多的精力去设计问卷，或委托第三方进行调查取样。这种方式主要有两个问题：①实现的成本高；②数据真实可靠性存疑，因为终端用户收集的方式和手段容易受到第三方或执行落实环节的影响。

而 F2F 模式可以帮助企业直接跳过中间商这一环节，直接与用户沟通，大大减少了企业的成本支出，有利于企业第一时间收回现金流和生产成本，提高企业效益。在品牌宣传上也可以跳过媒体渠道，直接进行推广宣传，对于企业而言，可以在整体推广中占据主导地位，拥有品牌的控制权和传播权。这些都有利于企业第一时间把自己的品牌形象传达给终端用户。

比如微信中典型的"朋友圈"模式。微信和微博、QQ 等其他社交软件既有相似性又存在明显的区别。微信的朋友圈和微博相比，它的信息流通更具有一定的私密性，受众群体基本是一个圈子里的好友，企业和用户之间的关系更为对等，这种模式推广精确性高、针对性强、互动性良好，主打口碑营销。

（三）微信营销 F2F 模式与企业产品销售

传统的销售一般都是基于渠道或中间商进行的，渠道相当于水渠和过道，是连接、承载产品和服务的载体。在这个载体的两端可以是企业、经销商、代理商、批发商、大型零售终端，也可以是大区代理商、批发商、经销商。简而言之，最终产品和服务的消费用户不是从原制造厂商处得到（经过两个或两个以上的环节转手得到）的都可称为渠道。

而微信带来的F2F模式可以帮助企业跳过中间商的链条，直接进行销售。第一时间收回现金流，收回企业的生产成本，实现企业的效益。在具体应用方面，微信端的F2F模式可以较好地借助于微商城和微预订这两个工具进行应用。基于微信端口开发的类似于预约系统和商城购物系统等的应用，就是基于F2F模式在企业产品销售上的典型应用模式。

微信手机端的移动性、随时随地接受反馈性、一对一的沟通特性，尤其是企业微信公众号这个极具颠覆性、革命性的产品的出现，将这一切变为可能。"微信之父"张小龙对产品的把握能力鲜有出其右者，他直接解决了F2F模式的困境，给企业营销带来了新的生机。

任务评价

单位：分

类　　别	序　　号	考核内容及要求	分　　值	学生自评分数	教师评价分数
任务内容	1	微信营销优势	20		
	2	微信营销模式	20		
学习态度	1	独立分析	20		
	2	团队协作	20		
	3	积极完成任务	20		

学以致用

一、单项选择题

1. 移动营销，也称为手机互动营销或（　　），手机广告或无线广告是移动营销的一部分，但通常和一定的营销概念重合比较大，目前，业内主要的说法一般用"移动营销"。

　　A. 无线营销　　　B. 终端营销　　　C. 设备营销　　　D. 社会媒体营销

2. 移动营销的核心是（　　）。

　　A. 互动　　　　　B. 精准营销　　　C. 经济环保　　　D. 信息整合

3. 下列不属于移动营销特点的是（　　）。

　　A. 精准营销　　　B. 实时交互　　　C. 可监测性　　　D. 费用高昂

4. （　　）是指企业直接向用户发送即时信息进行产品营销的形式。

　　A. 推送模式　　　　　　　　　　　B. WAP网站模式

　　C. 终端嵌入模式　　　　　　　　　D. 拉动模式

5. 下列不属于商家自建WAP网站进行移动营销优点的是？（　　）

  A. 自由度较大   B. 灵活

  C. 推广成本较高   D. 方便

6. 下列哪项不属于移动营销的4I营销策略？（　　）

  A. 分众识别   B. 即时信息   C. 互动沟通   D. 与用户沟通

7. 通过扫描二维码来关注微信好友，或进行优惠券领取、投票报名、参加调研等，向企业回传用户信息，这样企业就能将广告投放效应最大化，获得宝贵的用户互动数据，这是二维码的（　　）商业价值。

  A. 传播商业信息

  B. 产品展示，品牌宣传

  C. 提供互动入口，用户获取增值服务

  D. 产生线上交易

8. 1号店抢先把扫描二维码作为新型购物方式，在各大地铁站设立了购物服务区，并在琳琅满目的产品下放置了二维码标签，建立起二维码超市，用户可扫码选购。这是二维码的（　　）营销模式。

  A. 网络社交类   B. 服务提供类

  C. 电商购物类   D. 媒体阅读类

9. 微信每一条信息都是以推送通知的形式发送的，其所发布的每一条信息都会送达订阅用户手中，到达率可以达到100%，传播到达率高于微博。这考查的是微信营销的（　　）优势。

  A. 发展空间大   B. 精准地推送

  C. 服务人性化   D. 精准到达率

10. 以下关于F2F模式表述不正确的是（　　）。

  A. 面对面营销

  B. 核心是用户

  C. 为用户提供定制化、个性化服务

  D. 一对多沟通

二、简答题

1. 移动营销的特点有哪些？
2. 移动营销的运行模式有哪些？
3. 移动营销的4I营销策略分别是什么？

4. 二维码的商业价值有哪些？

5. 微信营销的优势是什么？

三、案例分析题

例如，一件衣服的售价是 200 元，可能它的成本（出厂价）是 30 元，还有 170 元去哪里了呢？就是各层的代理、零售、中间商、渠道商等逐层去加价，因为他们的进货和推广服务等都需要成本。而用户在意的是买到便宜、称心如意的产品，至于这个产品从哪里买的他并不太关心。但是对于工厂加工型企业（直接生产或制造产品的公司）来讲，他们希望的是锁定更多的终端用户，而要锁定终端用户，就必须满足便宜和称心如意两点。

所以，在这种形势下，从事产品生产制造的企业就需要建立一种越过代理商、经销商，以及京东、淘宝等电商的方式，直接在线实现对终端用户的销售和服务。

请回答：

1. 以上案例体现的是微信营销 F2F 模式的什么优点？

2. 微信营销的 F2F 模式体现在哪三个方面？

知识拓展

一、微信营销模式之微店营销模式

所谓微店，就是商家利用现代互联网技术创建的一个云推广电子商务平台，"注册微店后，您就会拥有微店网站上所有产品的销售权，您的微店里就'摆满'了网站上所有的产品。"受微信营销模式的影响，实体店的业务或多或少地被网上销售所取代，许多商家为了增加业务量，纷纷在微信平台上开通了自己的公众号或微店，进行产品促销和宣传活动。例如，沃尔玛、麦当劳等世界知名企业相继开通了微信公众号，创建微信平台商城，吸引用户直接在微信公众号上购买或咨询该商家的产品。微信公众号的出现，打破了传播的时间和空间限制。

二、微信营销模式之微信群零售及团购模式

公众号上不仅可以发布一般的产品信息，还可以建立微信群。商家采用自愿入群和群友互相推荐的方式吸收用户进入微信群，商家与用户可以在微信群内讨论产品的相关知识。微信群对扩大公众号的影响力有着无可替代的作用，可增强用户黏度。处于不同地域的商

家与用户在微信群里就把产品交易沟通好，实现供需平衡，从而进行产品的交易和更新。微信群的团购模式是指商家超越空间范围建立一个相对稳定的关系群。这些关系群以口碑相传或熟人相互介绍不断扩大规模，并发展为某类产品的团购模式。基于对朋友、邻居或同事的信任，关系群的涉及效应非常明显。基于关系群里的人们相互间认识或熟悉，生活习性也趋同，如果实现购买，商家很容易把产品送到用户手中，产品质量也能得到保证。

三、微信营销模式之微信朋友圈模式

微信朋友圈的存在，使得营销已经不再是企业的专属，而是成了一种全民性质的活动。微信朋友圈传播产品信息的速度非常快。商家一旦在朋友圈内发送了有关产品的信息，其微信好友可以立即查看到信息，用户可与产品信息的发布者直接联系，了解和购买自己感兴趣的产品。源于微信朋友圈里的信息共享性和公开性，许多用户可从微信朋友圈的信息得知欲购买产品的质量好坏和价格高低，实施放心购买。微信朋友圈的特点是其关注对象互为微信好友，产品发布者通过发布吸引人的产品介绍，如上传精美的效果图，可以产生更好的营销效果。另外，微信朋友圈的最大的优点是，不需要任何成本就可以产生大量的关注度和购买量。鼓励好友转发微信朋友圈中的产品信息，当某条微信朋友圈的点赞数量达到一定数量时，用户就可以获得一些小礼品或优惠券。

四、微信营销模式之微信平台线上线下协同营销模式

"因线上线下服装零售行业的市场细分更为准确，线上线下协同营销也成为主流。"目前，微信平台线上线下协同营销模式应用于大小不等、经营范围各异的商家。B2B、C2C、O2O等商业模式应运而生并取得了阶段性的成功。产品营销和交易过程在线上完成，产品配送由线下合作的实体店完成。

项目六 移动支付

项目描述

随着人类社会的发展，产品交易的支付方式和手段历经了多次变化：从最原始的"以货易货"交易，到后来将货币作为商业流通中的媒介物进行面对面的交易，再到近几十年来，网络和移动通信技术的高速发展催生了移动支付，数字人民币推广也大大提速，人类的商业交易活动突破时空束缚，人们在移动的环境里便能轻松地实现支付。移动支付给我们的日常生活如交通出行带来了极大的便捷。本项目旨在梳理移动支付概述、手机银行、第三方支付的相关内容。

【学习目标】

素质目标

1. 树立正确的消费观念，拒绝举债消费、超前消费、网贷消费；
2. 恪守诚信，营造诚实守信的移动支付环境。

知识目标

1. 了解移动支付的概念；
2. 掌握移动支付的类型；
3. 掌握移动支付的方式；
4. 了解移动支付的发展趋势。

能力目标

1. 能够区分移动支付的类型，并在适当的营销环境下进行应用；

2. 能够辨识和运用移动支付平台；
3. 能够正确选择移动支付的方式；
4. 能够快速并专业甄别移动支付信息的真伪。

案例导入

随着移动商务的迅猛发展，移动端的购物群体不断上涨，中国互联网络信息中心发布的数据显示，截至2022年年底，我国网民规模达到10.67亿人，网民使用手机上网的比例达99.8%，互联网普及率达75.6%，其中城镇网民规模为7.59亿人，农村网民规模为3.08亿人，50岁及以上网民群体占比提升至30.8%，全年移动互联网接入流量达261.8 EB；网络支付用户规模达9.11亿人，占网民整体的85.4%。国家统计局数据显示，截至2022年12月，全国网上零售额达13.79万亿元，同比增长4.0%，其中，实物产品网上零售额达119 642亿元，增长6.2%，占社会消费品零售总额的比重为27.2%。我国网络零售市场保持稳步增长态势，成为稳增长、保就业、促消费的重要力量。

中国银联的调查显示，我国数字支付场景越来越完善，商场超市等实体零售店及线上购物是移动支付使用频次最高的场景，移动支付在消费中占比超过8成，"习惯"已经取代"便捷性"成为人们选择移动支付的首要因素。

还以小张在淘宝网开文创产品网店为例。小张发现，近几年移动端聚集着巨大流量，决定发力移动商务。在交易过程中，小张认为人们必然会使用移动支付，于是，他请教了擅长开拓移动端业务的小王。

小王在给小张指导的过程中，问了小张几个问题，让小张回去搜集与整理：一是移动支付有哪些类型？二是移动支付有哪些支付方式？三是移动支付的发展趋势会怎样？

【案例思考】

如果你是小张，你该怎样去搜集与整理，以及回答这些问题呢？

任务一 移动支付概述

任务描述

随着现代科学技术的迅速发展，移动支付与互联网技术结合得更为紧密，传统金融支付手段已逐渐被人们遗弃，移动支付具有独特优势，已然渗透到传统支付市场，成为互联网支付的主流发展方向。人们要开展移动端的电商业务，必然绕不过移动支付。那么，理解移动支付的概念，掌握移动支付的功能、移动支付的方式，了解移动支付的应用现状、风险，以及预知其发展趋势，成为稳妥开展移动商务的首要任务。

任务实施

一、移动支付及其内涵

1. 移动支付的概念

移动支付，狭义上又被称为手机支付，是指使用手机完成支付或确认支付，而不是使用现金、银行卡或支票支付。消费者可以使用移动手机购买一系列的服务、数字产品或产品等。从广义上来讲，移动支付是互联网时代一种新型的支付方式，其以移动终端为中心，通过移动终端对所购买的产品进行结算支付，移动支付所使用的移动终端有智能手机、掌上电脑、移动个人计算机等，主要表现形式为手机支付。

移动支付将互联网、终端设备、金融机构有效地联合起来，形成了一个新型的支付体系。移动支付是对传统金融服务的深度进行有效的拓展，强有力地催化大众消费产业的高速发展，拥有广泛的市场应用空间，应用场景非常丰富（见图 6-1），应用方式便捷高效。

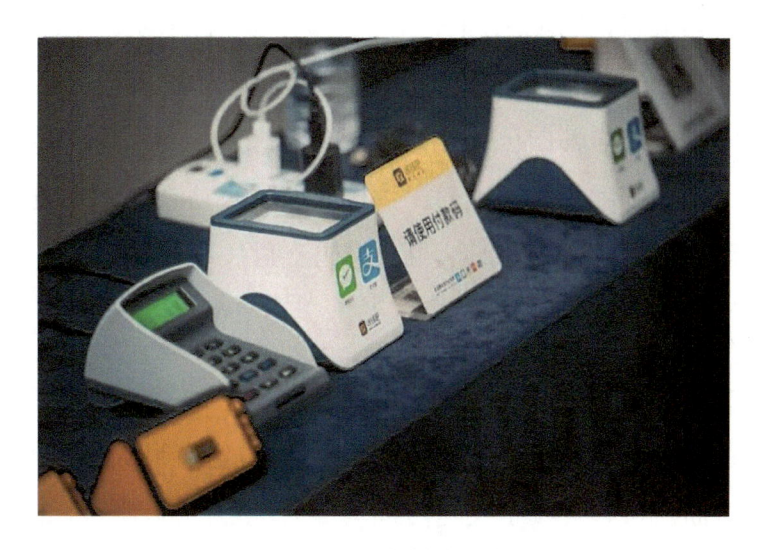

图 6-1 移动支付应用场景

2. 移动支付的诞生

移动支付最早于 1997 年出现在芬兰的赫尔辛基市的一台可口可乐自动售卖机上，这是由芬兰梅利塔（Merita）银行推出的第一个移动支付银行服务，其通过手机短信来完成支付指令。用户在这台自动售卖机上购买可口可乐时，只需要用手机发送支付口令，然后支付系统会给予这台自动售卖机一条完成支付的口令，机器在接收到指令后会自动弹出购买的产品。

日本是全球移动支付发展最早的国家。日本最大的电信公司——NTT DoCoMo，在1999年推出i-Mode行动上网模式，这一模式将手机由原本简单的通信及短信发送向电脑靠拢。通过手机用户可以利用互联网来进行电子邮件的发送，完成音乐的下载、网页的浏览等；也通过这个平台，用户更容易接受之后出现的近场支付。在射频识别技术（Radio Frequency Identification，RFID）的基础上逐渐衍生出近场通信技术（Near Field Communication，NFC）。NFC早在2003年时已被研发，直到2010年谷歌发布Android 2.3，才从根本上实现了NFC的广泛使用，这成为移动支付发展的转折点。

NFC支付是指用户在购买产品或服务时，即时采用NFC技术，通过手机等手持设备完成支付，是一种新兴的移动支付方式。支付的处理在线下现场进行，不需要使用移动网络，而是使用NFC射频通道实现与POS机或自动售货机等设备的互联。NFC近距离无线通信是近场支付的主流技术，它是一种短距离的高频无线通信技术，允许电子设备之间进行非接触式点对点数据传输交换数据。

现在，很多手机品牌均支持NFC支付，大部分手机都带有NFC功能。在更早期，欧美国家就开始发展、使用NFC技术。

有一种付费功能叫闪付，它就用到了NFC功能，其使用场景主要有刷卡乘坐公交车、到商店付款，以及日常生活中的水、电、气费等缴费，方便快捷。

20世纪90年代，日本与韩国已经出现了二维码支付技术，我国是在2009年新版火车票发售时第一次大范围应用二维码支付。中国支付清算协会对移动支付用户进行调查发现，一半以上的移动支付用户会选择或认可二维码支付。

3. 移动支付的特点

（1）移动性，方便携带。

互联网时代下的移动支付打破了传统支付对于时空的限制。传统支付以现金支付为主，需要用户与商家面对面支付，受制于支付时间与支付地点的限制；移动支付以手机支付为主，用户可以用手机随时随地进行支付活动，不受时空限制，如用户可以随时在淘宝网等电商平台上进行购物。

(2)及时性，方便管理。

用户可以随时随地通过手机进行各种支付活动，并对个人账户进行查询、转账、缴费、充值等功能的管理，也可随时了解自己的消费信息。这为人们的生活提供了极大的便利性，也更方便人们对个人账户进行管理。

(3)隐私度较高。

移动支付是用户将银行卡与手机绑定，在进行支付活动时，需要输入支付密码或指纹，且支付密码不同于银行卡密码。这使得移动支付较好地保护了用户的隐私，故其隐私度较高。

(4)综合度较高。

移动支付有较高的综合度，其为用户提供了多种不同类型的服务。例如，用户可以通过移动支付缴纳家里的水、电、气费；还可以通过移动支付进行网上购物等各类支付活动。这体现了移动支付有较高的综合度。

4. 移动支付的类型

移动支付有多种类型，按照支付依托的技术条件、支付额度、实现方式、账户性质等可对其进行不同的分类。

(1)按支付依托的技术条件分为近场支付和远程支付。

近场支付是指通过具有近距离无线通信技术的移动终端设备实现本地化通信进行货币资金转移的支付方式，如用手机刷卡的方式乘坐公交车、购物等。远程支付是指通过移动网络，利用短信、GPRS等空中接口，和后台支付系统建立连接，实现各种转账、消费等支付功能，如掌中付推出的掌中电商、掌中充值、掌中视频等都属于远程支付。

(2)按支付额度分为微支付和宏支付，又称小额支付和大额支付。

小额支付与大额支付之间最大的区别在于两者要求的安全级别不同，使用的技术手段也不同。对于大额支付来说，一般需要通过可靠的金融机构来进行交易验证；小额支付的特点在于快捷、运作成本低，使用移动网络本身的SIM卡鉴权机制就可以达到要求。目前，大多数流行的移动支付行为都是集中在小额支付上的。

(3)根据实现方式的不同，可以将移动支付分为两种：一种是通过短信、WAP等远程控制完成支付；另一种是通过近距离非接触技术完成支付，主要的近距离通信技术有RFID、NFC、蓝牙、IEEE 802.11等。

(4)按账户性质分为银行卡支付、第三方支付、通信代收费账户支付。

银行卡支付就是直接采用银行的借记卡或信用卡账户进行支付的形式；第三方支付

是指为用户提供与银行或与金融机构支付结算系统连接的通道，实现资金转移和支付结算功能的一种支付服务；通信代收费账户支付是移动运营商为其用户提供的一种小额支付账户，用户在互联网上购买虚拟产品时，通过手机发送短信等方式进行后台认证，并将账单记录在用户的通信代收费账单中，月底进行合单收取。

（5）按支付的结算模式分为及时支付、担保支付。

及时支付是指支付服务提供商将交易资金从买家的账户及时划拨到卖家账户。一般应用于"一手交钱一手交货"的业务场景，如商场购物，或应用于信誉度很高的B2C、B2B电子商务。

担保支付是指支付服务提供商先接收买家的货款，但并不马上就支付给卖家，而是通知卖家货款已冻结，告知卖家发货；买家收到货物并确认后，支付服务提供商将货款划拨到卖家账户。支付服务商不仅负责资金的划拨，还要为买卖双方提供信用担保，如支付宝。

（6）按用户账户的存放模式分为在线支付、离线支付。

在线支付是指用户账户存放在支付提供商的支付平台上，当用户消费时，直接在支付平台的用户账户中扣款；离线支付是指用户账户存放在智能卡中，当用户消费时，直接通过POS机在用户账户的智能卡中扣款。

二、移动支付的优势及风险

移动支付的普及改变了人们的生活，人们正在抛弃钱包，从吃饭、购物、看电影到乘飞机、住酒店，很多消费场景最常用的支付方式已经变成了扫码支付，越来越多的交易不需要现金支付就可以达成，我国已经踏入了"无现金社会"的门槛。

1. 移动支付的优势

（1）移动支付方便快捷。微信、支付宝等可直接与银行卡、信用卡绑定，实现一键支付，无须找零，节约时间，方便快捷。

（2）节约社会资源。传统货币的形式，一直依附于某种真实物体之上，如古时的金锭、银锭、铜板，今日的纸币和硬币。"无现金社会"的移动支付改变了货币存在的形式，节约了资源。

（3）减少某些疾病的传播。传统货币使用纸币和硬币交易，容易引起细菌和疾病传播问题。移动支付减少了纸币的使用，还能避免纸币上细菌的传播。

（4）杜绝假币坑人。虽然货币的防伪技术不断更新，但现实中仍然有不法分子制造假币，给人们的生活带来一定的影响，采用移动支付能杜绝假币的泛滥。

（5）保障资金和交易安全。采用移动支付，可以大大减少抢劫、偷盗现金的犯罪行为。

2. 移动支付的风险

（1）普通手机本地存储内容没有加密。

普通手机通常没有加密技术，手机里的信息都是明文存储，在支付过程中往往容易造成信息泄露，这已成为移动支付发展的一大难题。用户在使用手机进行支付时，未进行加密等安全措施保护，而"黑客"通过钓鱼网站或木马程序就可以窃取用户信息，将移动支付功能进行非法复制，从而造成用户的损失。

（2）手机进行支付易接入不安全网络。

移动支付需要手机联网，如今很多场所都提供免费网络，然而这些网络很容易被不法分子劫持并监控，通过分析软件窃取用户个人资料、银行账户、网络支付密码，实施资金的盗刷。

（3）交易方的身份识别。

手机支付必须解决的一大问题就是对参与交易各方的身份进行识别，特别是对商家和用户合法身份的确认。由于移动支付将银行、商家紧密联系在一起，涉及现金的往来，如何解决合法身份认证就显得尤为重要。

（4）用户登录支付认证方式存在缺陷。

目前，大部分金融支付机构均采取单一因素进行身份认证，如短信验证码认证、指纹认证、人脸识别等，这些均因为认证因素过于单一，而在安全性上得不到强有力的保障。

（5）用户易被恶意软件蒙蔽，安装盗版软件。

由于Android平台的开放性，允许第三方应用加入，某些软件可能暗含信息窃取、流量消耗等恶意行为，用户下载并安装了这些恶意软件，很可能造成个人隐私泄露、资金损失。

（6）手机丢失。

由于人们会随身携带手机，也使得手机在日常生活中可能出现丢失的情况，而移动支付通常是手机卡与银行卡、信用卡相关联，由此存在用户在丢失手机后使自己的移动支付账户被他人冒用的风险。

（7）支付软件自身存在漏洞，易被攻击。

移动应用在设计、开发、运行等过程中，由于开发人员技术水平参差不齐，很容易产生一些不可避免的漏洞，一旦被不法分子利用，就会引发手机软件崩溃或用户信息、账号密码被盗取，以及资金损失等安全事件。

（8）简单移动支付流程。

移动支付是由银行、商家、移动支付服务提供商、认证中心、用户等多种元素组成的，该系统还与移动网络运营商、移动网络内容服务商、信用卡服务等其他机构产生业务往来，这样一个庞大而复杂的移动支付产业链，其安全问题不仅涉及技术本身的安全防范，还涉及和其他系统之间的信息的安全传递。

3. 移动支付的防范措施

（1）错误转账风险防范。

因为操作失误，支付账号输错了数字或转错账号，这种情况需要人们在转账的时候认真核对对方的账号信息，转账成功后及时向对方确认，并保留转账证据，同时人们应该注意设置移动支付的密码和验证方式，设定转账支付限额，以最大限度地保障个人资金的安全。

（2）资金被盗刷风险防范。

① 手机要设置锁屏密码。

② 支付软件不要设置为自动登录，取消记住用户名及密码的设置。

③ 设置支付密码，尽量不要使用免密支付功能，而且支付密码最好不要用自己的生日、手机号码，因为这些比较容易被破解。

④ 最好要设定消费限额，防止损失的扩大。

⑤ 更换手机号码的时候，要及时解除微信、支付宝等网上支付平台与手机号的绑定，从而有效地避免移动支付账号被盗刷的现象。

（3）网络诈骗风险防范。

① 不要轻信网上的优惠信息或抽奖信息，不要随意点击来历不明的链接或视频；不要轻信所谓"公检法"机构的"安全账户"。

② 强化自己的心理防线，不因贪图小利而受不法分子诱惑，切忌向他人透露自己及家人的身份信息、支付信息等。

③ 绝不向陌生人汇款、转账。

④ 如果感觉自己上当受骗了，第一时间向银行挂失银行卡，并向公安机关报案。

三、移动支付的发展现状及发展趋势

1. 移动支付的发展现状

从当前现状来看，我国的移动支付业务正处于高速发展期，其产业链结构已初步形成，并具备了一定的规模，截至 2022 年 12 月，全国共有移动电话用户 16.83 亿户，这也从侧面反映了移动支付业务背后存在着巨大的市场。

为促进支付服务市场健康发展，规范非金融机构支付服务行为，防范支付风险，保护当事人的合法权益，中国人民银行制定了《非金融机构支付服务管理办法》，其中第三条规定：非金融机构提供支付服务，应当依据本办法规定取得《支付业务许可证》，成为支付机构。支付机构依法接受中国人民银行的监督管理。未经中国人民银行批准，任何非金融机构和个人不得从事或变相从事支付业务。国务院也规定中央企业不能对非主营业务进行投资，国家有关部门对于移动支付业务也出台了严格的限制标准，运营商要开展移动支付业务就必须要与银行协作，这也从一定程度上降低了移动支付业务的风险。

从技术层面来看，由于我国的移动支付业务尚处于起步发展阶段，技术形式主要分为3种：RFID-SIM、SIM-pass及NFC技术，分别被中国移动、中国电信和中国联通三大运营商各自使用。这3种技术各具特点，NFC技术最为成熟，维护成本、构建成本较大；SIM-pass适用范围较广、灵活性强，信号不如NFC技术稳定；RFID-SIM相对于其他两种技术还处于发展期，频段兼容有待完善。

随着虚拟运营商牌照的下放及通信市场的开放，移动支付业务的竞争也越来越大，越来越成熟，移动支付业务将朝着多元化、全面化发展。

（1）支付平台间的竞争激烈。

我国在1999年出现移动支付萌芽，银联在2002年推出手机短信支付模式，提供手机查询、缴费功能。2011—2012年，中国联通、中国移动、中国电信先后成立电子商务公司，支付宝推出条形码支付业务，拉开移动支付的序幕。随后，微信支付、京东支付、财付通等移动支付平台如雨后春笋般兴起，每一个平台的功能大同小异，各支付平台纷纷以红包、低风险、使用范围广等优势争夺用户，形成以支付宝为首，多家支付平台共同竞争发展的局面。

（2）支付平台与基金公司、银行的合作紧密。

人们在成为某一支付平台的用户后，往往会购买此支付平台衍生的理财产品，基金公司借助支付平台吸引用户，支付平台利用基金公司给用户带来的利益以增强平台本身的用户黏合度，并从中获取利润。例如，某支付宝用户，定期将一定数额的钱款转入余额宝，既可以随时支出，又可以获得一定的收益。

支付平台与银行的合作可谓"一波三折"。在移动支付兴起时，银行因担心移动支付会取代银行的业务，便拒绝对移动支付平台提供资金上的帮助。待移动支付迅速壮大时，其发展态势令银行重新调整了态度。例如在2018年8月，中国银行和中国银联签署移动支付战略合作协议，并启动了"云闪付"宣传活动。由此可以看出移动支付的发展势不可挡，银行与移动支付的合作是最佳的选择，二者各取所长，形成优势互补，共同为经济社会建设贡献力量。

（3）移动支付使用频繁。

中国银联发布的《2020 移动支付安全大调查研究报告》数据显示，通过对全国超过 17 万人的调查分析，98% 的受访者选择把移动支付作为最常用的支付方式。2020 年，平均每人每天使用移动支付的频率是 3 次，最喜欢用移动支付的是"95 后"的男性，他们平均每天使用 4 次移动支付。二维码支付已经成为人们最常用的移动支付方式，用户占比超过 85%。

2021 年 10 月，中国人民银行行长在国际清算银行（BIS）监管大型科技公司国际会议上表示，在大型科技公司的推动下，中国移动支付快速发展，目前普及率已达 86%。

2022 年春节假期前 5 天，网联平台共处理跨机构网络支付交易 62.36 亿笔，金额为 4.20 万亿元，同比增长 5.30% 和 11.58%。其中，餐饮、娱乐、购物等是假期消费的主要场景。

2. 移动支付的发展趋势分析

随着行业技术水平与管理水平的同步提升，移动支付业务也将得到新的发展，具体体现在以下几个方面。

（1）远程支付与近场支付相互融合。相对而言，远程支付起步较早并已经逐渐成熟，其安全性也较高，而近场支付则起步较晚。在未来，远程支付将会与近场支付充分融合起来，在近场支付芯片上将会出现远程支付加载，从而形成一体化的移动支付业务。

（2）近些年我国移动支付规模整体呈现高增长态势。2018—2022 年，银行处理移动支付业务笔数分别同比增长 61.19%、67.57%、21.48%、22.73% 和 4.81%。2018—2021 年，银行处理移动支付业务金额分别同比增长 36.69%、25.13%、24.5% 和 21.94%。另外，2022 年，非银行支付机构处理网络支付业务 10 241.81 亿笔，金额达 337.87 万亿元，交易笔数与交易金额都处于高位。从这一系列数据可以看到，移动支付规模之大，整体呈增长态势，2020—2022 年受疫情影响，国家经济整体受挫，移动支付增长速度放缓，甚至略有下降。但疫情结束后，随着经济的复苏，在智能手机、智能终端设备数量不断扩充的情况下，移动支付的承载面也将不断扩充，在新型商业环境下用户数量及支付金额将达到空前的规模。

（3）移动支付业务标准将形成统一化。为了让移动支付业务得以顺利开展就需要制定统一化的业务标准，这也将使产业链得到进一步的完善，而支付的安全性与可靠性也将得到提升。

（4）移动支付平台开放程度将进一步扩大。在行业标准逐步统一的情况下移动支付平台必然会呈现出开放态势且开放程度也将不断扩大，这也让移动支付拥有了全新的定位，各种新的商业模式将不断出现，合作模式也将得到更为深入的发展。

从行业发展角度来看，移动支付业务存在较大的发展空间，在移动支付的推动下整个市场也将迎来新的局面，这是我国通信产业前行的巨大推动力。

任务评价

单位：分

类别	序号	考核内容及要求	分值	学生自评分数	教师评价分数
任务内容	1	移动支付的概念	10		
	2	移动支付的诞生	10		
	3	移动支付的特点	5		
	4	移动支付的类型	10		
	5	移动支付的优势	5		
	6	移动支付的风险及防范措施	10		
	7	移动支付的发展现状及发展趋势	10		
学习态度	1	课前自主预习	20		
	2	团队协作	10		
	3	积极完成任务	10		

任务二　手机银行

任务描述

《中国数字金融调查报告》数据显示：2021年，我国个人手机银行用户达到20.5亿户，渗透率达85%，同比增长14%。手机银行已经成为银行业最重要的线上流量入口，促活和黏客成为手机银行未来发展的两大主题。

目前，个人手机银行基础业务仍为用户主要的使用场景，转账汇款和账户查询是用户最常使用手机银行办理的业务，两者占比均在70%以上，网络支付占52.5%。随着金融科技的蓬勃发展，手机银行应用场景不断丰富，手机银行其他业务场景也正在被用户所接受及使用，尤其是生活缴费、网络支付和投资理财等新业务的开展将会为手机银行的快速发展提供坚实的基础。

任务实施

一、手机银行概述

1. 手机银行的概念

手机银行,也被称为移动银行,是指用手机、平板电脑和其他移动终端设备等实现用户与银行的对接,为用户办理相关银行业务或提供金融服务。手机银行既是产品,又是渠道,属于电子银行的范畴。手机银行的功能可分为标配功能和拓展功能:查询、转账、汇款、缴费、临时挂失等属于标配功能;拓展功能就是在标配功能的基础上发展的理财、支付、网购等功能。拓展功能的提供,离不开银行后台的支持。

手机银行并非电话银行,电话银行是基于语音的银行服务,而手机银行是基于短信或App应用的银行服务。

手机银行作为移动通信网络上的一项电子商务应用,已然成为一种时尚,其功能已进入成熟应用阶段,账务查询、银行转账、自助缴费、扫码收付等,真正为用户提供超越时空的"3A"(Anywhere、Anytime、Anyhow)服务,以及更具个性化和更具安全性的服务。

2. 手机银行的发展状况

我国手机银行的发展是随着手机和移动互联网技术的革新而不断变化的,从2000年至今大致经历了短信银行阶段(2000—2003年)、WAP银行阶段(2004—2006年)、App银行阶段(2007年以后)3个发展阶段。手机银行能够实现的业务也从短信时代简单的账务查询、自助缴费、银行转账,逐步发展至如今App时代附近网点查询、预约取现、手机号转账、二维码支付等。手机银行能够大幅拓展银行的服务范围,对我国商业银行向零售银行进行战略转型具有重要意义。

根据中国电子银行网和易观分析机构联合发布的"2022中国手机银行综合运营报告"的数据,从活跃用户规模来看,截至2022年第一季度,中国银行业手机银行活跃用户规模已经达到4.9亿户,其中国有大行手机银行、股份制银行手机银行、城商行手机银行活跃用户规模分别为37 117.4万户、15 528.4万户、3594.8万户,环比分别增长2.4%、4.0%、4.2%。

得益于经济及居民收入的增长,手机银行作为零售银行用户服务的主阵地,单个用户平均交易规模上升带动手机银行交易规模上升,个人日常消费、出行、红包等产生的交易大幅增长,助力手机银行消费支付、转账、信用卡还款等交易额增长,2022年第一季度手机银行交易额超150万亿元,较上一年各季度均有上升,如图6-2所示。

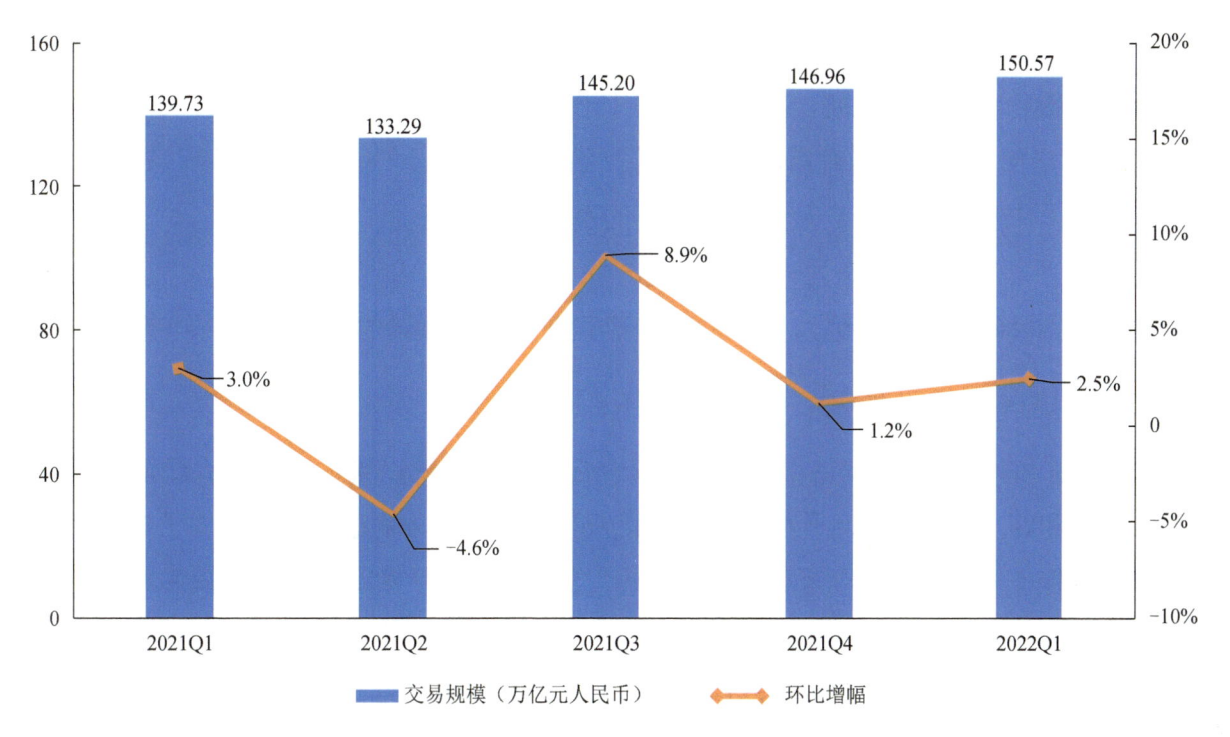

图 6-2　2021Q1—2022Q1 中国手机银行交易规模

（注：Q1 指第一季度，Q2 指第二季度，Q3 指第三季度，Q4 指第四季度）

3. 手机银行的发展趋势

随着时代的变化，移动金融科技日益发展，金融机构不只将传统银行业务迁移至线上进行，同时着力于开拓手机银行新的业务场景，在设计上也有了许多变化，争取让用户在体验上获得更多沉浸感和惊喜感。

（1）故事性更强的形象设计。

视觉感受是人们认识实物的首要印象，它影响着用户对产品甚至品牌的认知。越来越多的手机银行 App 朝着更鲜明、更具情感性的画面和文字方向进行页面交互设计。例如，招商银行设计动画形象"小招喵"，将"小招喵"打造成具有辨识度的品牌 IP。

（2）多维度的信息框架。

我们发现越是复杂的金融业务场景，越需要简单快捷的操作方式，并配以更多故事性的图文说明来吸引用户了解并尝试新的业务，这就要求产品在设计时更加关注内容的有效传递。

首页应直观、信息层次清晰，凸显品牌形象和核心服务，首屏自上而下，先以界面氛围打动用户，再以核心功能及内容等吸引转化用户，最后以全量服务满足用户个性化的使用需求。

（3）智能服务，千人千面。

现如今，手机银行服务已全面升级，账户明细查询、免费跨行转账、存款理财、信用卡分期优惠只是基础功能，而依托大数据分析构建的用户画像、精准营销、智能客服等，则说明手机银行的服务已从统一的标准转向"千人千面"。

每个用户使用手机银行时所看到及体验到的营销信息、产品推荐、风险防控等都可能是不一样的，银行开始为用户量身定制专属的手机银行服务。

总之，手机银行 App 作为一款平台型产品，在用户需求越来越多样化、业务功能也越来越丰富的情况下，需要通过更多的设计形式增强用户体验的层次感和认同感。

4. 手机银行的安全措施

各家银行的手机银行都会经过严格的安全性测试，系统设置了多重防火墙，在需要时还会对系统和客户端进行更新升级。用户手机银行的密码在传输过程中也设置了多重密钥加密，以充分保证安全。手机银行实行"双密码"保护，包括手机银行登录密码和账户交易支付密码，即使手机丢失，也不会造成资金损失。即便如此，由于手机银行使用涉及面广、环节多，手机银行使用安全仍然不可掉以轻心。用户在使用手机银行时要养成以下良好的习惯。

（1）防止他人操作手机。

启用手机安全锁功能，防止他人未经许可操作自己的手机。

（2）登录正确的手机银行网址。

选择银行官网正确的网址，或者可靠的移动互联网站点；下载手机银行客户端及其 App 应用软件；定期使用防病毒软件，扫描手机各类 App 应用，防范山寨 App、钓鱼网站、木马病毒风险。

（3）使用安全工具。

当用户通过手机银行操作大额资金时，建议使用手机银行安全工具。不少银行已经推出了可适用于手机使用的安全认证工具。例如，中国农业银行推出的新型密保工具是通用 K 宝（音频版），其通过手机音频插口使用；中国工商银行为用户提供的高级别安全工具是工行 U 盾。

（4）设置复杂的密码。

涉及资金交易的密码既要尽可能复杂，可以包含数字、字母和符号多个类型，但也要便于记忆。密码文件放置在任何地方都不安全，放在联网的终端如手机、计算机更不安全。最安全的保存方式是记在自己脑海中，其实，密码设置可以找到自己独特的逻辑思维。

不使用容易破解的密码，如出生日期、门牌号码、手机号码、车牌号码、身份证号码等与个人信息相关度高的密码，以及简单数字排列等易被破解的密码。

不使用与社交工具相同的密码。涉及资金交易类的密码，不要与微博、微信、QQ、抖音等社交工具密码相同。

二、手机银行支付

自从步入网络生活当中，人们在信息的传递方面便有了质的飞跃，电脑变得越来越轻便，容易携带；手机不再局限于打电话和发短信的需求，变得越来越智能；网络让人们的生活更加丰富。

人们越来越依赖于网络，出门只要带一部手机，不用担心没有带钱包，不用担心没有带银行卡，只要随身携带手机就可以随时随地进行购物等各种消费，对着付款二维码扫一扫就可以轻松完成支付。

手机银行是继网银之后，银行的又一重大创新应用。在手机没有进入智能时代之前，早期的手机银行依赖于短信、WAP 网页，只能用网上银行进行一些转账和支付等操作，而且使用网上银行必须有银行相应的保护工具（如 U 盾）。

手机银行发展到 App 应用是在手机智能化以后才出现的，各大银行都推出了 App 应用，方便人们下载使用。

要实现手机银行支付功能，需要开通手机银行才可以，网银和手机银行是不一样的。开通手机银行需携带有效身份证件及银行卡去银行网点开通，同时在新办理银行卡时可要求银行开通手机银行，在办理过程中需要填写相关的申请表和协议。手机银行开通后，下载手机银行 App 应用，注册账号后登录，便可以开始使用手机银行进行相关支付的操作，如在手机上购物、充话费等。

例如，登录广州农商银行 App，点击"扫码收付"后会显示"扫一扫""付款""收款"等功能，点"收款"后会出现收款二维码，如图 6-3（a）（b）（c）所示。

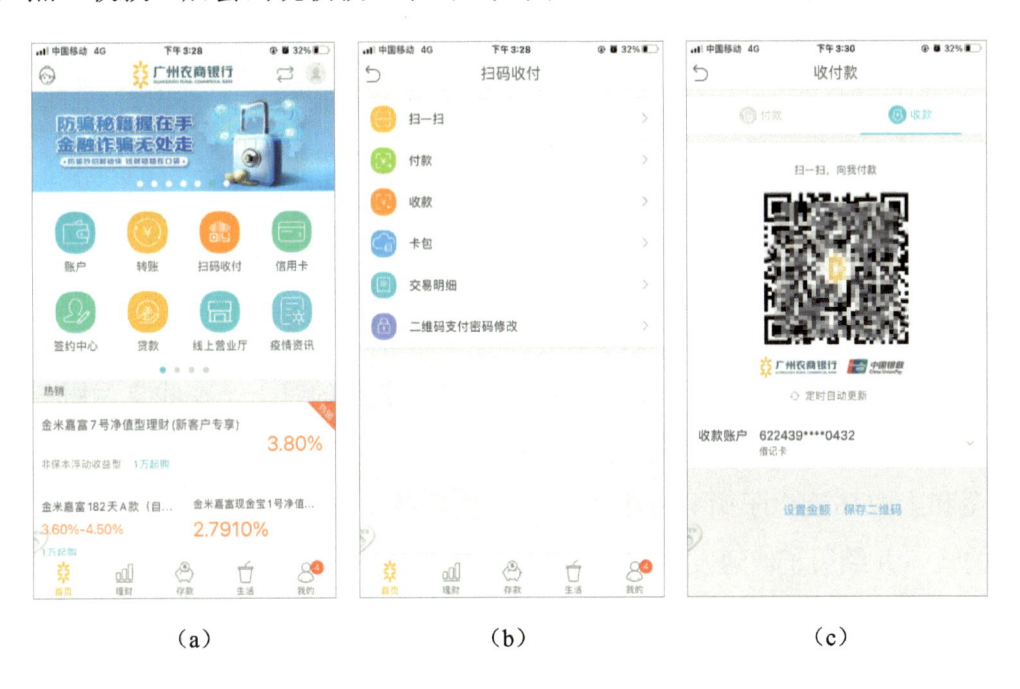

（a）　　　　　　　　　（b）　　　　　　　　　（c）

图 6-3　广州农商银行手机银行 App 扫码支付功能

任务评价

单位：分

类别	序号	考核内容及要求	分值	学生自评分数	教师评价分数
任务内容	1	手机银行的概念	10		
	2	手机银行的发展状况	10		
	3	手机银行的发展趋势	10		
	4	手机银行的安全措施	10		
	5	手机银行支付	20		
学习态度	1	课前自主预习	10		
	2	团队协作	10		
	3	积极完成任务	20		

任务三　第三方支付

任务描述

第三方支付早已渗透人们生活的各个方面，无论是在网络交易中还是在现实交易中，都可以发现第三方支付的存在，这意味着通过第三方进行支付的行为已经受到大众的认可与支持，拥有了较高的支付地位。通过本任务的学习，我们将了解第三方支付的概念、作用、运营模式、流程、特点，以及第三方支付的平台，并详细介绍了常见的第三方支付的平台，这样有助于我们不断创新移动商务业务，创造营销价值。

任务实施

一、第三方支付的概念

第三方支付是一个新兴的行业，从1998年12月美国的第一个在线支付服务商PayPal诞生算起，至今20余年。我们国家也从1999年出现了最早的第三方支付公司，即北京首信股份公司和上海环迅电子商务有限公司，主要服务于B2C网站，从此第三方支付开始受到市场关注，并经历了快速发展。

关于第三方支付的定义，早期一般认为第三方支付是具备一定实力和信誉保障的第三方独立机构经与各大银行签约的与银行支付结算系统具有接口的支付平台。

第三方机构与各个银行之间签订有关协议，使得第三方机构与银行可以进行数据交换和相关信息的确认。这样第三方机构就能实现在持卡人与各个银行，以及最终的收款人之间建立一个支付的流程。

严格来说，第三方支付的定义是指具备一定实力和信誉保障的独立机构，通过与银联或网联对接而促成交易双方进行交易的网络支付模式。

从第三方支付流程中可以看到，第三方支付机构开立支付结算账户，先代收买家的货款，等交易成功后再付款给卖家，资金会在第三方支付服务提供商处滞留，即出现所谓的资金沉淀，可能为非法转移资金和套现提供便利，若缺乏有效的流动性管理，则可能存在资金安全和支付的风险，形成潜在的金融风险。

早在2017年1月，中国人民银行发布了一项支付领域的规定，即《中国人民银行办公厅关于实施支付机构客户备付金集中存管有关事项的通知》，明确了第三方支付机构在交易过程中所产生的客户备付金将统一交存至指定账户，支付机构不得挪用、占用客户备付金。

2017年，"网联"平台诞生。"网联"，是非银行支付机构网络支付清算平台的简称。人们熟知，"银联"是连接各大银行的桥梁，主要负责线下，"网联"与"银联"具有同等地位，主要负责线上，即互联网上的业务。网联下发《关于非银行支付机构网络支付清算平台渠道接入工作相关事宜》（网联函2018（42）以下简称"42号文"）督促第三方支付机构接入网联渠道，明确规定2018年6月30日之前所有第三方支付机构与银行的直连都将被切断。

中国支付清算协会发布的《2020年移动支付用户问卷调查报告》数据显示，移动支付被大多数用户接受，近四分之三的用户每天使用移动支付，移动支付已成为他们日常使用的主要支付方式，采用第三方支付（如支付宝余额、微信零钱等）占比为71.0%，与2019年基本持平。

二、第三方支付的作用

第三方支付作为目前重要的支付信用中介，起到了在用户、商家和银行之间建立起连接，实现第三方监管和保障的作用。第三方支付，可以安全实现从用户、金融机构到商家的在线货币支付、现金流转、资金清算、查询统计等流程，为开展B2B、B2C、C2C、O2O等线上线下商务活动和其他增值服务提供完善的支持。第三方支付平台是独立于买方、卖方和银行的交易支付网点，它对买卖双方在交易的过程中的资金中转、保管起到监督作用，使买卖双方都放心交易，如果发生交易纠纷，它还能帮助买方追回还货款。

采用第三方支付，有助于打破银行卡壁垒和网上支付烦琐的现状。由于我国在线支付的银行卡各自为政，每家银行都有自己的银行卡，这些自成体系的银行卡纷纷推出在线支付业务，客观上造成用户要想顺利支付手里面必须有多张银行卡。同时商家网站上也必须安装各个银行的认证软件，这样就会制约网上支付业务的发展，而第三方支付服务系统可以很好地解决这个问题。第三方支付正在蓬勃发展。

三、第三方支付的运营模式

第三方支付平台运用先进的信息技术，分别与银行和用户对接，将交易的资金转移过程简单化、安全化，提高了企业的资金使用效率。现如今，第三方支付不再局限于互联网支付，而成为线上线下全面覆盖、应用场景更为丰富的综合支付工具。依据第三方公司的功能属性，可以将第三方支付公司的运营模式划分为两大类，一类是以快钱为典型代表的独立第三方支付模式，另一类就是以支付宝、财付通为代表的依托于自有 B2C、C2C 电子商务网站，提供担保功能的第三方支付模式。

1. 独立第三方支付模式（网关模式）

独立第三方支付模式，是指第三方支付平台完全独立于电子商务网站，不负有担保功能，仅仅为用户提供支付服务和支付系统解决方案，平台前端联系着各种支付方法供网上商家和用户选择，同时，平台后端连着众多的银行，平台负责与各银行之间的账务清算。独立的第三方支付平台实质上充当了支付网关的角色，但不同于早期的纯网关型公司，它们开设了类似于支付宝的虚拟账户，从而可以收集其所服务的商家的信息，用来作为为客户提供除支付结算功能之外的增值服务的依据。

独立第三方支付运营平台主要面向 B2B、B2C 市场，为有结算需求的商家和政企单位提供支付解决方案。它们的直接客户是企业，通过企业间接吸引用户。独立第三方支付企业与依托电商网站的支付宝相比更为灵活，能够积极地响应不同企业、不同行业的个性化要求，面向大客户推出个性化的定制支付方案，从而方便行业上下游的资金周转，也使其他用户能够便捷付款。独立第三方支付平台的线上业务规模远比不上支付宝和财付通，但其线下业务规模不容小觑。独立第三方支付平台的收益来自银行的手续费分成和为客户提供定制产品的收入。但是，该模式没有完善的信用评价体系，容易被同行复制，因此迅速提升在行业中的覆盖率及用户黏性是其制胜的关键。

2. 有交易平台的担保支付模式（担保模式）

有交易平台的担保支付模式，是指第三方支付平台捆绑着大型电子商务网站，并同各大银行建立合作关系，凭借其公司的实力和信誉充当交易双方的支付和信用中介，在商家与用户之间搭建安全、便捷、低成本的资金划拨通道。

在此类支付模式中，买家在选购产品后，使用第三方支付平台提供的账户进行货款支付，此时货款暂由平台托管，再由平台通知卖家货款到达，卖家进行发货，待买家检验货物、确认收货后，买家通知平台付款给卖家，此时平台再将货款转至卖家账户。这种模式的实质是第三方支付平台作为买卖双方的信用中介，在买家收到产品前，代替买卖双方暂时保管货款，以防止欺诈和拒付行为出现。

支付宝和财付通由各自母公司的电商业务孕育而出，是作为自有支付工具而出现的。在淘宝、拍拍等 C2C 电子商务网站上聚集的个人商家和小微企业商家没有技术实力来解决网络购物的支付问题，双方通过网络直接交易对用户而言也缺乏信任感，这就需要中立于买卖双方、有技术实力又有担保信用的第三方支付平台来搭建这个桥梁，支付宝和财付通在这种需求下应运而生。担保支付模式极大地促进了它们所依附的电商网站的交易量，电商网站上的用户也成为第三方支付平台的使用者。担保交易模式所打造的信任环境为其带来了庞大的用户群，这些海量的用户资源为这类第三方支付平台创造了强大的优势地位，这是如快钱这类的独立第三方支付平台难以企及的。

四、第三方支付的流程

如前所述，在通过第三方支付平台进行的商务交易中，首先买卖双方在第三方支付平台上建立账户，并使用银行卡充值到账户里，买家在选购产品后，使用该平台账户进行货款支付，第三方支付平台通知卖家货款到达，让卖家发货，买家检验货物、确认收货后，通知第三方支付平台付款给卖家，平台再将款项从买家账户转至卖家账户。可见，第三方支付具有信用中介、资金安全保障等功能。

第三方支付交易流程如下。

（1）买家选购产品，买卖双方达成交易意向。

（2）买家选择第三方支付平台，将货款划到第三方支付平台，并设定发货期限。

（3）第三方支付平台通知卖家，买家的货款已到账，要求卖家在规定时间内发货。

（4）卖家收到买家已付款的通知后按订单发货，并在网站上做相应的记录。

（5）买家收到货物并确认满意后通知第三方支付平台。

（6）买家对货物满意，第三方支付平台将货款划入卖家账户，交易完成；买家对货物不满，第三方支付平台确认卖家收到退货后，将货款划回买家账户或暂存在第三方账户中等待买家下一次交易的支付。

五、第三方支付的特点

（1）整合了支付方式，交易渠道更加畅通。第三方支付平台通过各种应用接口程序，将多种银行卡支付方式整合到一个界面，支持国内各大银行发行的银行卡和国际信用卡组织发行的信用卡，买家和卖家不需要在不同的银行分别开设账户，大大丰富了移动商务的支付手段，移动商务交易渠道更加畅通。

（2）具有公信度，杜绝欺诈行为。一旦发生交易纠纷，第三方支付平台对买家和卖家采取双向保护，在交易双方之间进行公平、公正的协调处理，确保双方的合法利益得到最大限度的维护。

（3）相对于传统的资金划拨交易方式，第三方支付更能有效地保障货物品质、货物配送及售后服务等环节，在整个交易过程中，都可以对交易双方进行约束和监督，及时解决交易过程中出现的问题，为保证交易成功提供了必要的支持。

（4）支付成本较低，第三方支付集中了大量的小额交易，形成了规模效应，支付成本较低。

（5）界面友好，使用方便。对买家而言，他所面对的是友好的界面，不必考虑背后复杂的技术操作过程。

六、第三方支付的平台

1. 第三方支付市场发展背景

随着信息技术和电子商务的持续发展，网络支付业务量保持稳定的增长态势，网上支付和移动支付用户保持高速增长，截至 2021 年 12 月，我国网络支付用户规模约为 9.04 亿人，较上一年增长了 4929 万人，占网民整体人数的 87.6%，如图 6-4 所示。

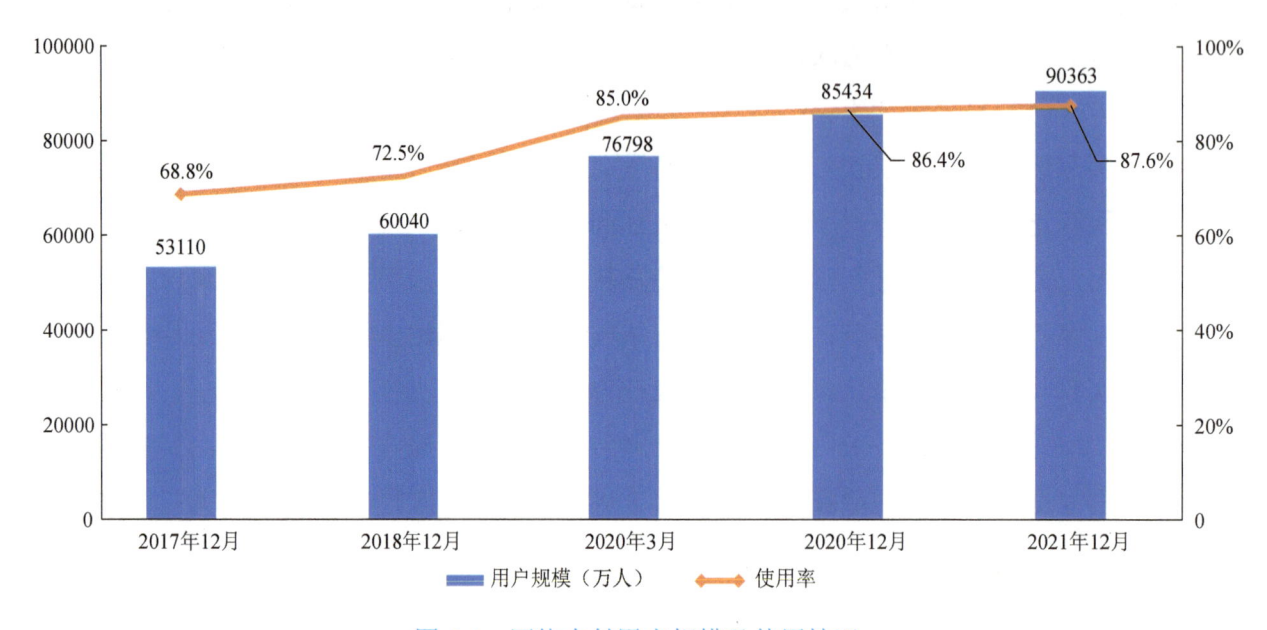

图 6-4 网络支付用户规模及使用情况

移动支付服务壁垒逐渐被打破，进入互联互通的发展阶段。以支付宝、微信支付为代表的第三方平台与"云闪付"等支付机构在线上线下联通,实现收款码扫码互认;美团、拼多多等互联网平台支持众多主流支付渠道,如微信支付、支付宝、"云闪付"、Apple Pay、Mi Pay、华为 Pay、三星 Pay 等;微信小程序也上线云闪付付款功能。另外,数字人民币推广提速,试点场景稳妥推进,试点规模有序扩大,应用领域逐步拓展。

2015 年 12 月,中国人民银行发布了《非银行支付机构网络支付业务管理办法》,缩紧第三方支付牌照的发放,加强对《支付业务许可证》的监管,确保我国网络支付业务规模稳步增长,为促进消费扩容提质、支持经济发展提供了有力支撑。

在 2020 年,中国第三方支付企业移动支付总规模高达惊人的 271 万亿元,第三方支付已经成为人们日常生活中必不可少的支付方式。

2. 常见的第三方支付平台

大众熟知第三方支付平台有支付宝、财付通、银联商务、银联在线、"云闪付"、壹钱包、京东支付、拉卡拉、快钱、翼支付、银信宝、度小满钱包、美团、字节跳动等知名互联网企业,国美、美的等传统企业和小米、vivo 等手机厂商均推出了第三方支付产品。第三方支付平台大致可分为两类,一类是以支付宝和微信支付为主打产品的互联网支付企业,另一类是依托于各大银行和银联机构的金融支付企业。

(1)支付宝。

支付宝属于支付宝(中国)网络技术有限公司的产品,该公司成立于 2004 年,隶属蚂蚁集团旗下,是国内领先的第三方支付平台。支付宝以实名和信任为基础,融合了支付、生活服务、政务服务、理财、保险、公益等多个场景与行业,与超过 200 家金融机构合作,为上千万个小微企业商家提供支付服务,和数字钱包伙伴共同服务全球用户,打造数字生活平台,助力服务业的数字化升级。

支付宝具有的优点:买家付款后,暂存支付宝账户,由央行监管,安全放心;网上在线支付,方便简单。其缺点是不能很好地打击网络上的不法行为;对虚拟物品纠纷缺乏评判标准。应用场景举例:进入支付宝,打开收付款码,商家扫描付款码即可。

(2)财付通。

微信支付和 QQ 钱包都属于财付通支付科技有限公司第三方支付平台的两大功能,QQ 钱包于 2010 年上线,微信支付于 2013 年上线。

QQ 钱包通过绑定银行卡,为用户提供多方面的在线生活服务,如网上购物、手机充值、信用卡还款、在线买票、缴纳水电费、交纳话费及宽带费,还提供远程现金付款等。人们通过设置手势密码可提高 QQ 钱包的安全性。

微信支付秉承"微信支付,不止支付"理念,为个人用户创造了诸如看病、购物、吃饭、旅游、生活缴费等多种便民服务和应用场景；为各类企业及小微企业商家提供专业的收款能力、运营能力和资金结算解决方案，以及安全保障；微信支付支持使用数字人民币进行支付。企业、产品、门店、用户已经通过微信连在了一起，让智慧生活变成了现实。微信支付已深入生活的方方面面。

微信支付的优势体现在用户多、支付快速、操作便捷、安全私密；微信支付的缺点是它属于小额支付，在大额支付的过程中，没有支付宝便捷。应用场景举例：进入微信钱包，选择收付款功能，打开收付款码，商家扫描付款码即可。

（3）银联商务。

银联商务，全称为银联商务股份有限公司，是由中国银联控股的，专门从事线下、互联网及移动支付的综合支付与信息服务机构，成立于 2002 年 12 月，总部设在上海市浦东新区，接受中国人民银行和中国银联的监管。银联商务"全民付"移动支付是面向各类移动支付场景提供的综合性移动支付服务，用户使用手机可以在银联商务 POS 机、自助终端上或手机 App 内完成支付，包括近场支付和远程支付两种场景。

银联商务支付的优势在于收款后可一键申请开发票，并自动同步发票金额；但缺点是服务功能较为单一。应用场景举例：下载客户端，点击"全民付"的功能，指定支付的银行卡直接进行支付即可。

（4）"云闪付"。

"云闪付"是一款 App，是一种非现金收付款移动交易结算工具，是由中国银联携手各商业银行、支付机构等产业各方共同开发建设运营的移动支付 App，其汇聚各家银行机构的移动支付功能与权益优惠，通过二维码条码交互方式提供消费、转账及提现等服务，致力于成为用户省钱、省心的移动支付管家，于 2017 年 12 月上线，接受中国人民银行的监管。"云闪付"App 具有三大核心功能：收付款、享优惠和卡管理，"云闪付"App 与银联手机闪付、银联二维码支付同为银联三大移动支付产品。

"云闪付"使用情景包括商超付款、食堂就餐、菜场买菜、乘坐公交、网上支付等，"云闪付"一站式汇总银行卡优惠、权益，涵盖衣、食、住、行多个场景，方便用户权益查询、获取。

（5）壹钱包。

壹钱包是一款智慧全能的手机钱包应用，是平安集团旗下领先的综合支付解决方案服务商，平安付科技服务有限公司成立于 2006 年，为平安壹钱包电子商务有限公司旗下的支付机构。该公司获得中国人民银行颁发的《支付业务许可证》，专注于互联网支付、移动电话支付、预付卡发行与受理业务，以支付为基础，支持理财、购物、生活、航旅等多样化金融和消费场景，涵盖话费充值、信用卡还款、转账、生活缴费、充油卡、充流量、订酒店，以及购电影票、机票、火车票等服务内容。

（6）京东支付。

京东支付是京东金融于2014年7月推出的第三方支付工具，用户只凭预留手机号的银行卡及验证短信即可完成支付，无须开通网银、无须注册第三方账户。京东支付依托京东体系资源优势，提供线上、线下多场景的综合支付服务，是国内领先的电子支付解决方案服务商。京东支付涵盖京东码付、NFC、京东闪付、聚合支付、通道支付、刷脸支付等，满足用户在线上和线下的多元化支付需求，具有支付快捷、体验好、维度广、安全和简化标准接入等特点。

（7）拉卡拉。

拉卡拉支付股份有限公司（简称"拉卡拉"）成立于2005年，2011年获得中国人民银行颁发的《支付业务许可证》，位列第一阵营，是国内领先的第三方支付公司，公司定位为"商家数字化经营服务商"。2019年4月25日，拉卡拉支付在深圳证券交易所成功上市，成为第一家登陆A股市场的第三方支付公司。拉卡拉支付业务服务于商家侧，为商家提供全币种、全场景的收款服务，帮助商家实现数字化经营，支付业务包括国内国际银行卡支付、扫码支付、数字人民币支付等，并支持超过100个国家的跨境支付，覆盖商超、社区零售店、物流、餐饮、物业、贸易、保险等行业。

（8）快钱。

快钱支付清算信息有限公司（简称"快钱"）成立于2004年，总部位于上海，是国内领先的独立第三方支付公司，是支付产品丰富、覆盖人群较广泛的电子支付平台。快钱采用了国际最先进的应用服务器和数据库系统，支付信息的传输采用了128位的SSL加密算法，确保数以亿计交易资金往来的安全。在移动化、场景化、数据化这一趋势下，快钱结合各类消费场景，运用互联网技术、大数据等前沿技术打造创新型金融科技平台，面向企业客户与个人用户提供包括支付、定制化行业解决方案、金融云、增值业务等高品质、多元化的金融科技服务，同时不断将金融科技辐射到更多产业和场景中去，从而赋能企业和用户，带来智能、高效、个性化的金融科技新体验。

（9）翼支付。

天翼电子商务有限公司是中国电信集团有限公司旗下的互联网金融科技公司，是中国人民银行核准的第三方支付平台，是中国证监会核准的基金销售支付结算机构，是国家高新技术企业。翼支付是天翼电子商务有限公司旗下的第三方支付平台，2011年获得中国人民银行颁发的第三方支付牌照。作为国内知名的第三方支付平台，翼支付与中国银联互联互通开展合作与探索，并与"云闪付"、支付宝、微信支付等实现收款码扫码互认，专注于为个人和企业提供安全、便捷、时尚的支付解决方案。

（10）度小满钱包。

度小满钱包，原名百度钱包，是度小满旗下第三方支付应用和服务平台，打造"随身随付"的"有优惠的支付"，将度小满金融旗下的产品及海量商家与广大用户直接"连接"，提供付款、缴费和充值等支付服务，全面打通O2O生活消费领域，提供"度小满理财"等资产增值功能，让用户在移动时代享受一站式的支付生活。

常见的第三方支付平台还有银联在线、汇付天下、易宝支付、通联支付、环迅支付、连连天下、中国银联、PayPal、易付宝、联动优势、美团钱袋宝支付等，此处不再一一赘述。

任务评价

单位：分

类别	序号	考核内容及要求	分值	学生自评分数	教师评价分数
任务内容	1	第三方支付的概念	10		
	2	第三方支付的作用	10		
	3	第三方支付的运营模式	10		
	4	第三方支付的流程	10		
	5	第三方支付的特点	10		
	6	第三方支付的平台	20		
学习态度	1	课前自主预习	10		
	2	团队协作	10		
	3	积极完成任务	10		

学以致用

一、单项选择题

1. 移动支付所使用的移动终端设备是智能手机、掌上电脑、移动个人计算机等，主要表现形式为（　　）支付。

　　A．现金　　　　B．手机　　　　C．转账　　　　D．刷脸

2. 最早出现移动支付的国家是（　　）。

　　A．美国　　　　B．英国　　　　C．中国　　　　D．芬兰

3. 以下表示射频识别技术的是（　　）。

　　A．NFC　　　　B．SIM　　　　C．RFID　　　　D．GPRS

4. 移动支付按完成支付依托的技术条件分为（　　）和远程支付。

   A. 近场支付　　　B. 小额支付　　　C. 离线支付　　　D. 第三方支付

5. 移动支付业务尚处于起步发展阶段，技术形式上主要分 RFID-SIM、SIM-pass 与 NFC 技术，技术最成熟的是（　　）。

   A. RFID-SIM　　　B. SIM　　　C. SIM-pass　　　D. NFC 技术

6. 采用移动支付，关于资金被盗刷风险防范说法有误的是（　　）。

   A. 手机要设置锁屏密码

   B. 支付软件设置自动登录，设置记住用户名和密码

   C. 设置支付密码，尽量不要使用免密支付功能，而且支付密码最好不要用自己的出生日期、手机号码，这些比较容易被破解

   D. 最好设定消费限额，防止损失的扩大

7. 手机银行，又称（　　）。

   A. 手机钱包　　　B. 移动银行　　　C. 电子钱包　　　D. 网上银行

8. 手机银行 WAP 阶段的主要信息交流方式是（　　）。

   A. 发送短信　　　B. 语音电话　　　C. 浏览网页　　　D. App 应用

9. 开通手机银行，需要持卡人携带（　　）到银行网点办理。

   A. 现金　　　B. U 盾　　　C. 银行卡密码　　　D. 有效身份证件

10. 手机银行安全性高，取决于"双密码"保护，即登录密码和（　　）。

    A. 支付密码　　　　　　　　　B. 退出密码

    C. 银行卡密码　　　　　　　　D. 手机屏保密码

11. 以下不符合手机银行 App 的设计趋势的是（　　）。

    A. 故事性更强的形象设计　　　B. 统一的标准

    C. 凸显品牌形象和核心服务　　D. 智能服务，个性化界面设计

12. 非银行支付机构网络支付清算平台，简称（　　）。

    A. 银联　　　B. 网联　　　C. 互联网　　　D. 央行

13. 第三方支付的运营模式有网关模式和（　　）。

    A. 平衡模式　　　B. 中介模式　　　C. 独立模式　　　D. 担保模式

14. 腾讯财付通是第三方支付平台，有微信支付和（　　）。

    A. 手机支付　　　B. 手机钱包　　　C. QQ 钱包　　　D. QQ 支付

15. "云闪付"是哪家支付公司的产品？（　　）

    A. 银联　　　B. 银联商务　　　C. 中国电信　　　D. 建设银行

16. 第三方支付平台须持《支付业务许可证》才可以运营，该证颁发机构是（   ）。

  A. 中国银行　　　B. 中国银联　　　C. 中国网联　　　D. 中国人民银行

二、简答题

1. 移动支付所使用的移动终端设备主要有哪些？
2. 什么是近场支付？
3. 移动支付具有哪些优势？
4. 移动支付的发展趋势是怎样的？
5. 什么是手机银行？
6. 手机银行的发展趋势是怎样的？
7. 你对设置安全的手机银行的密码有哪些建议？
8. 手机银行经历过哪几个阶段？
9. 什么是第三方支付？
10. 第三方支付的流程是怎样的？
11. 第三方支付的运营模式有哪些？
12. 第三方支付有哪些特点？
13. 比较第三方支付平台，简述第三方支付平台具有哪些常用功能。

三、案例分析题

案例一：

人民银行广西桂林市中心支行，借"文旅产业数字化转型"之际，深入推进移动支付便民工程，优化移动支付环境，优化旅游消费场景，助推文旅产业数字化转型，不断提升桂林文旅产业支付服务整体水平。

该行积极构建以旅游景区为核心、以大型商圈为重点、以公交系统为脉络的三大旅游消费场景，"点、线、面"结合一体化推进移动支付基础服务设施建设，提升游客吃、住、行一站式支付便利体验，实现"一部手机游桂林"。桂林市46个4A级以上景区全部实现"云闪付"覆盖，为游客提供旅游景区全方位移动支付优质服务。该行在推动银行网点与商家联动运作工作中，积极开展收银系统改造、旧码牌换新、收银员培训、商家定期回访、联合营销等活动，大幅提升商圈数字化服务质效。桂林市内已建成移动支付示范商圈19个，涵盖旅游酒店2822家。打造联通全市公共交通脉络网，优化移动支付乘车体验。桂林市区74条线路、县域44条线路，共计1200余辆公交全面开通"云闪付"受理，实现市县旅游路线全覆盖，公交"云闪付"交易达456.49万笔。

通过对桂林市"优化旅游消费场景，助推文旅产业数字化转型"案例的分析，请回答下列问题。

1. 移动支付有哪些类型？
2. 移动支付有哪些优势？
3. 请谈谈用户在移动支付上会有哪些心理障碍，解决方法又有哪些呢？

案例二：

步入"十四五"规划的开局之年，渤海银行积极有序地布局，以技术和数据共同发力驱动金融科技能力发展，继续探索非接触金融服务创新，建立生态银行。

该行在"智慧物业"金融科技创新服务项目，创新缴纳物业费场景，当社区居民通过"物业服务"App缴纳物业费时，可以选择渤海银行线上账户为付费方式，居民充值并缴费后，便同时成为渤海银行线上用户和平台VIP，并享受银行提供的专属理财服务。渤海银行通过将自身服务产品嵌入"物业服务"App，只做最擅长的事，将外部服务串联，最终实现App用户到自身用户的转变。

在当前无接触服务需求迅速崛起的行业背景下，渤海银行正在加速推动线上端触客的第一入口——新版手机银行的建设，在金融服务基础上重点打造非金融服务生态圈，形成以"数字化智能化""聚合优质权益""沉浸式用户体验"为核心的移动门户App，围绕产品功能、操作体验、场景服务、技术创新打造最佳体验的场景服务平台、领先的数字服务平台、移动的数字风控平台、全功能的内容运营平台及开放的生态银行平台。

结合渤海银行"探索非接触金融服务创新，建立生态银行"的案例分析，请回答下列问题。

1. 为了让用户在体验上获得更多沉浸感和惊喜感，手机银行App在设计上有哪趋势呢？
2. 下载任意一款手机银行App，分析其基础功能及拓展功能分别有哪些。

案例三：

在助力文旅和乡村振兴方面，人民银行广西桂林市中心支行与全州县政府联手，升级县域支付服务，以移动支付便民工程下沉县乡为抓手，推进县乡文旅产业与乡村振兴融合发展。

该行与全州县政府积极打造全州县红色旅游路线，印发"红色旅游移动支付引领县方案"，围绕红军长征湘江战役纪念馆及其附近毛竹山村、邓吉村沿线开展吃、住、行移动支付环境改造，积极推动移动支付与农产品销售、文化旅游、红色教育、乡村经济、精准扶贫等乡镇地域特色深入融合，为城乡居民提供优质服务，让便利、安全、高效的移动支付服务深入千家万户，有效地填补了县域红色文旅产业中的移动支付空白，带动县域移动支付服务水平整体提升，成功创建"全国移动支付便民工程示范县"。

目前，全县"云闪付"用户达14.09万人，县城80%以上商家可受理"云闪付"，为当地红色文旅的后续开发提供了坚实的支付保障。

结合全州县红色旅游与乡村振兴融合发展的实施与成果，请回答下列问题。

1. 移动支付在乡村振兴融合发展中有哪些应用场景？
2. 简述移动支付行业"两超多强"的格局具体情况。
3. 第三方支付的备付金归谁监管？

知识拓展

一、树立正确的消费观念，拒绝超前消费

近年来，年轻人"超前消费"现象备受舆论关注。某调查数据显示只有13.4%的年轻人"无债一身轻"，也就是说，超过八成的年轻人步入"超前消费"行列，处在负债生活状态；而作为消费主力的年轻人，包括在校大学生，也纷纷成为"超前消费"的主力军，这样的现状不免让人担忧。

大学生提前消费，实际上是过度消费。大学生使用信用卡或贷款，过着"花明天的钱享受今天"的生活，很可能使理财观念发生偏差，往往为了还钱饿肚皮，或拆东墙补西墙，甚至做出违法乱纪的事情。例如，某大学生在某银行办理信用卡后，因无力偿还随后接到信用卡中心多个催款电话，不堪承受压力跳河身亡，这是一个沉痛的教训。

二、移动支付的应用场景

目前，移动支付应用场景非常广泛，既有线上移动支付，也有线下移动支付。

线上移动支付也是移动支付最早使用的应用场景，如用户使用手机购买产品、预订机票、购买电影票等。对于在电脑端选购的产品，用户可以通过手机扫描屏幕上的二维码等方式完成支付。对于在手机上选购的产品，用户可以直接通过手机完成支付。除消费购物等活动以外，用户还可以通过手机完成理财、还款、缴纳水电费等支付活动。

线下移动支付主要依赖于手机的扫码付款和NFC付款。消费场景非常多，如超市、健身房、饭店等，企业收款主要依赖于扫码枪、扫码器、手机、NFC刷卡器等设备。无人

贩卖机也是线下移动支付的应用场景，无人设备随着新零售的火热逐渐被大家所重视，如地铁里的自动贩卖机、无人超市、自助点餐机等，其主要依赖于手机扫码支付、NFC 支付等技术，常用于用户自主结账的场景。除以上消费场景之外，线下移动支付还被应用于乘坐地铁、公交等出行场景。

三、手机银行遭遇病毒入侵

广州一所大学的杨同学平时喜欢通过智能手机银行管理自己的个人资产，不久前他通过互联网搜索并下载了一款某国有银行手机银行客户端，但在登录使用几天后发现再也无法登录，一再提示密码错误。

经分析，该名同学的手机是感染了手机操作平台下知名的"终极密盗"（BIT.KeyCap.A）手机病毒。该病毒通过伪装成塞班手机系统的"系统升级包"骗取用户下载安装，当病毒侵入手机后会自动在后台监听用户的输入信息，捕获到用户的银行密码后通过短信外发给黑客，对方一旦远程修改密码，则可进行转账操作。

中国银行负责电子银行业务的工作人员指出，手机银行与网上银行一样，最大的便利是不用到柜台或 ATM 机用银行卡、身份证等实物凭证进行交易，但这也恰恰成了其最大的安全隐患，虽然已有登录密码、取款密码、支付密码等一系列安全屏障，但是对于经常上网购物且警惕性不高的用户，稍有不慎就可能将银行信息泄露，从而造成损失。

四、手机银行帮助客户解决难题

1. 案例经过

某个周末，一位中年男子急匆匆地走进某银行网点。他推门进来便直接找到大堂经理询问道："我家里停电了，原来这个月忘记缴纳电费了，饭做到一半，这电说停就停，急死了！"随即掏出一个存折本继续说道："平常我家的电费都是从这个存折里面扣费，刚想打印存折看看是不是里面的钱不够了，结果提示'磁条失效'，这可咋办，急着缴纳电费呢！"

银行大堂经理一边细心倾听一边点点头，并解释道："存折磁条失效，需要办理换折，您看现在客户不多，我帮您取个号，等候 3 个客户就轮到您了。"细心的大堂经理在客户慌乱之下并没有跟着着急，反而还提示到："还有啊，未满页办理换折需要本人出示有效身份证件，您是这本存折的持有人吗？"

客户连忙说道："是。但是，刚才着急出门没来得及带上身份证，这可怎么办呀？"

看着客户越来越着急，大堂经理并没有慌了阵脚，竭力帮助客户更高效地解决问题，客户没有随身携带身份证，但他看到客户手上拿着手机，于是说了一句："平时您有使用我们银行的手机银行吗？"客户回答说："有使用过，手机上也安装了手机银行App，并时不时使用转账功能。"

于是大堂经理想到，现在很多客户不知道，存折也可以像银行卡一样绑定到手机银行上，那样就可以使用查询余额、转账等功能了。于是大堂经理教客户如何操作，客户最后成功地把存折绑定到了手机银行上，查询到余额确实不足，然后用转账的方式将钱存入存折，成功缴纳了电费。

2. 案例分析

通过大堂经理与客户的有效沟通，大堂经理得知客户现急需知道存折的余额是否足够缴纳电费，然而存折磁条失效需要换折却又证件不齐，幸好大堂经理善于动脑，业务熟练，也善于站在客户的角度看待问题，真心实意地帮助客户解决难题，其实把存折绑定到手机银行或电子银行的业务推广度的确不高，大堂经理能够联想到这个途径来帮助客户查询存折信息，并得到了客户的高度认可，客户十分赞成把存折绑定至手机银行这项功能，表达了对银行工作人员业务水平的赞美与科技带来的便捷。

3. 案例启示

人们常说"以客户为中心"，这不仅仅包括银行业，还包括每一个行业，它是一切服务工作的基础要求，需要我们每一个人以良好的职业操守和过硬的专业素质为基础，能够及时利用知识与技能帮助客户更高效地解决难题，这正是大家所追求的能力表现，细心、耐心、热心和扎实熟练的业务能力是关键所在。

五、第三方支付部分缓解了居民"出行难"的问题

第三方支付的出现，让传统需要在线下进行的约车行为可以全部转移到线上进行，这实际上提升了人们约车的便捷性。传统的线下约车、线下支付环节，往往需要人们带上足够的现金包括零钱，因此当人们临时出现约车需求时，传统的线下约车方式往往会对人们产生一定的限制。而线上支付与出租车场景的结合则解决了这个问题，即使人们身上没有带现金，也可以通过第三方支付完成约车。

在传统场景下，在约车高峰期往往会存在约不到车、等待时间长等影响人们体验的情况。而通过线上支付，人们可以根据自己约车的需求来进行灵活调价，通过加价、消费的方式让自己的约车需求更快地得到满足，缓解供需矛盾。同时，在第三方支付的监管下，司机乱加价的行为也容易被查处，这样有利于规范司机的行为，提升服务质量，优化消费体验。

六、第三方支付下半场：混战转共生

我国第三方支付行业整体来看发展势头强劲，在稳步中前进，但是第三方支付行业形势波诡云谲，格局变幻莫测。支付宝和财付通作为两大民营支付巨头，革新动作频频，相关政策频出，激发了其他支付机构的竞争，看似平静的第三方支付行业，实则暗潮涌动。

一是第三方支付领域"双寡头"格局。根据前瞻产业研究院的数据，2020年第二季度，我国第三方支付综合交易市场上位居前3位的是支付宝、财付通和银联商务，分别占49.16%、33.74%和6.93%的市场份额，可见第三方支付行业集中程度高。

二是第三方支付领域"双寡头"差异化竞争态势。支付宝先行从商家端突围领衔第三方支付行业，截至2020年，年度活跃用户超过10亿人，月度活跃用户达7.11亿人，月度活跃商家超过8000万家；财付通依赖微信等社交平台的巨大C端流量，以及推出的红包功能实现快速出圈，腾讯财报数据显示，在商业支付金额增长的推动下，2021年第三季度金融科技及企业服务业务的收入增长至433亿元人民币。

三是B端支付市场具有先发优势。拉卡拉成立于2005年，是首批于2011年获得《支付业务许可证》的第三方支付公司，为商家提供全币种、全场景的收款服务，支持超过100个国家的跨境支付业务。银联境外业务发展也很强劲，2021年，银联境外移动支付受理商家达1000万家，线上受理商家超2200万家。

四是数字人民币国家背书。数字人民币，是中国人民银行发行的数字形式的法定货币，其特点是交易即结算，可以省掉部分交易环节，降低交易成本。截至2022年年底，全国共有17个省级行政区全域或部分城市开展数字人民币试点。

项目七 移动商务的安全知识

项目描述

随着移动互联网技术的不断更新换代、无线网络技术的飞速发展、5G技术的普及应用、便携式移动终端设备的推广使用，移动商务作为一种新型、便捷的电子商务模式，将受到更多用户的推崇。由于移动商务模式比传统电子商务模式面临的风险更多，所以对移动商务中的安全性要求更高，进行安全防护就显得十分重要了。本项目旨在厘清移动商务的安全需求、安全技术，分析移动商务存在的安全问题，并总结制定解决策略。

【学习目标】

素质目标

1. 坚持诚实守信、绿色发展的经营理念；
2. 树立勇于担当的责任意识和培养吃苦耐劳的劳动精神；
3. 努力践行严谨细致、精益求精的工匠精神；
4. 自觉遵守行业法律法规，恪守职业道德，提高法律素质。

知识目标

1. 了解移动商务的安全问题；
2. 理解移动商务的安全需求；
3. 掌握移动商务的安全技术。

能力目标

1. 能够发现移动商务存在的安全隐患；
2. 能够分析移动商务中的安全问题；
3. 能够运用专业知识解决移动商务中的实际问题。

案例导入

"双十一血拼季"结束，当大家都欢快地等待包裹到来时，有一部分小伙伴处在极度郁闷之中，一场"双十一血拼季"活生生被演绎成了"双十一被骗季"。

"双十一"后，王某就掉入了这种"理赔领取备用金"的诈骗陷阱，共计被骗14万余元。11月12日上午10时许，王某接到自称是某购物平台客服的电话，称她之前购买的面膜成分信息不明，使用后可能会引起不良反应，将给她3倍的理赔金。一开始王某拒绝，并挂断了对方的电话，但随后对方又打来了"售后"电话，并准确地说出了王某的身份信息、订单信息及收货地址等。王某逐渐信以为真，所谓的客服表示，由于王某没有开通理赔金这个功能，因此需要她在某支付平台内搜索"备用金"，然后直接领取退款。

"让我领取300元的理赔金，'备用金'显示是500元。我不是多领了200元吗，对方说要我申请财物归还，我就用自己的银行账户给对方转账200元，然后对方说我的备用金无法关闭，让我实名认证一下……"王某回忆自己的操作流程。

然而王某并不知道，"备用金"是常用支付平台中的一项借贷功能，并不能起到赔付的作用，这500元只是该支付平台上"备用金"的一个额度而已，她其实根本就没有领到这个钱。

为了不影响征信，需要及时关闭所谓的"备用金"，随后王某添加对方为好友，按其要求开始操作。王某先下载了一个"亿联会议"App，然后直接输入会议号和密码，开始和对方语音聊天，在对方的指引下，完成实名认证。随后，该客服又再次以"升级银行卡和支付宝保障""把支付宝绑定的银行卡里的钱转到安全账户""信用卡额度快用完了"等理由，让王某不断地往其提供的"安全账户"里转钱。就这样，王某一共转账14万余元，等意识到自己被骗时，急忙选择了报警。

公安机关提醒广大网购用户擦亮双眼，警惕最新出现的"网购退款"骗局！

【案例思考】

如果你是小王，遇到所谓的客服，你会怎么做？当你在网上购物后，紧接着客服打电话告诉你你所购买的产品有问题，要对你进行理赔，你又会怎么做？

任务一　移动商务的安全需求

任务描述

移动商务为用户带来了更为方便快捷的网上支付、时尚准确的个性化服务、安全及时的信息化服务和交易体验；为商家提供了高效、优质的信息服务，降低了交易的成本。随着时代的发展、科技的进步、用户要求的提高，移动商务中的安全需求随之提高。我们要明确移动商务的安全需求，提升安全标准，形成移动商务的安全体系。

任务实施

一、保密性需求

近年来，移动商务发展迅速，应用范围越来越广泛，受到商家、用户的推崇。移动商务与电子商务一样，为保障其交易的顺利完成，需要满足一定的安全需求，首先是保密性需求。

保密性（Confidentiality）需求又称交易的隐私性需求，是指移动商务交易双方的信息在网络传输或存储的过程中不被他人窃取、不被泄露或披露给未经授权的人或组织，或者经过加密后，使未经授权者无法了解其内容。交易保密性是在交易信息可用的情况下保障信息安全的重要手段。

因为互联网是一个开放的公用互联网络，移动商务的交易双方在通过互联网交换信息时，如果不采取适当的保密措施，那么其他人就有可能获知交易双方的通信内容；另外，存储在网络上的文件信息如果不加密的话，也有可能被黑客窃取，造成重要信息的泄密，影响交易的顺利实现。

在传统的商务交易中，如商务合同、银行卡号、交易机密等重要信息一般通过文件的封装或其他可靠的途径进行传递，以此来保证数据的安全。而在开放的互联网上，由于传输控制协议/互联网协议（Transmission Control Protocol/Internet Protocol，TCP/IP）采用报文交换方式，因而存在数据被窃取的风险。所以，在移动商务交易过程中，人们必须保证交易数据的安全传输，防止信息泄密。

移动商务的保密性需求主要是通过"数据不被窃取、窃取不可破译"的思路来设计的。具体来说,"数据不被窃取"可以通过设置防火墙、互联网协议安全(Internet Protocol Security, IPS)等手段来实现;而"窃取不可破译"则主要通过各种加密手段来实现,如可用 DES(Data Encryption Standard,即数据加密标准,它是一种使用密钥加密的块算法,1977 年被美国联邦政府的国家标准局确定为联邦资料处理标准,并授权在非密级政府通信中使用,随后该算法在国际上广泛流传开来)、RSA(是第一个既能用于数据加密也能用于数字签名的算法,它易于理解和操作,也很流行,算法的名字以发明者的名字命名:Ron Rivest, Adi Shamir 和 Leonard Adleman)加密等方法。

在交易的保密性需求中还包括交易的不可跟踪性。也就是人们在进行移动商务交易时,其他人无法通过对用户所用支付手段的分析判断用户的身份,也无法获知用户的相关信息,避免交易受到干扰。

影响商务交易保密性的因素有很多,如网络漏洞、软件病毒、黑客窃取、意外泄密等,下面重点介绍一下木马病毒和手机病毒。

(1)木马病毒。

木马病毒主要是指利用计算机程序漏洞侵入后窃取文件的程序。它是一种具有隐藏性的、自发性的、可导致恶意行为的程序,是隐藏在正常程序中的一段具有特殊功能的恶意代码,能引发破坏和删除文件、发送密码、记录键盘和攻击 Dos 等行为,可对被控计算机、手机实施监控、资料修改等非法操作,影响手机、计算机的正常运行。

木马病毒和常见的传统病毒不同。传统病毒一般都出于破坏性的目的,它会破坏计算机里的数据资料,肆意删除计算机数据,甚至是破坏计算机的运行程序,使之无法正常运行。但木马病毒会悄悄地入侵计算机,迅速复制自身,隐藏于注册表中的多个项目之中,非法盗窃他人的密码、数据等,如盗窃管理员密码,控制子网密码搞破坏,偷窃上网密码用于他用,盗窃游戏账号、股票账号,甚至网上银行账户等,达到偷窥别人隐私和获得经济利益的目的。

木马病毒比早期的计算机病毒更加隐蔽,它更能够直接到达被控计算机系统中。部分程序开发者违规编写这类带有偷窃和监视别人计算机功能的侵入性程序,这就是目前网上木马病毒泛滥成灾的原因。

木马病毒的传播方式主要有两种。一种是通过 E-mail、网络社交聊天记录、网络游戏、钓鱼网站等方式进行传播。例如,人们在使用电子邮件时,控制端将木马病毒程序以附件的形式夹在电子邮件中被发送出去,收件人只要打开附件,系统就会感染木马病毒。另一种是通过软件下载进行传播,一些非正规的网站以提供软件下载的名义,将木马病毒捆绑在软件安装程序上,当用户下载并运行这些程序后,木马病毒就会自动安装到用户的计算机上。

移动商务需要网络的支持，为避免木马病毒通过网络危害各方利益，我们应做好日常的预防措施。

①安装可靠的杀毒软件和个人防火墙，并及时升级；②把个人防火墙设置成高安全等级，防止未知程序向外传送数据；③选用安全性高的浏览器和电子邮件客户端工具；④防止恶意网站在计算机上安装不明软件和浏览器插件，避免木马病毒趁机侵入；⑤使用安全的信息传输方式。

（2）手机病毒。

移动互联网的飞速发展，促使移动端的功能越来越完善，但有些App打着服务用户的幌子，不断获取用户的管理权限，非法获取用户的个人隐私信息，从事着信息倒卖、盗取财产等违法犯罪活动。这些行为给人们的信息安全造成了极大的威胁。

手机病毒（见图7-1）是一种具有传染性、破坏性的程序。其可利用发送短信、彩信、电子邮件、浏览网站、下载视频、蓝牙等方式进行传播，会造成用户手机死机、关机、个人资料被删、向外发送垃圾邮件、泄露个人信息、自动拨打电话、自动发送短信等。手机病毒会占用手机CPU和内存，造成手机卡顿、信息传输不畅，甚至会损毁SIM卡、芯片等硬件，使用户无法正常使用手机。

图7-1 手机病毒

二、完整性需求

移动商务的完整性需求是指在交易中，交易信息未经授权不能进行改变的特性，也就是交易数据在传输或存储过程中不发生恶意删除、意外消失、篡改、伪造、乱序、插入等损坏。

完整性主要包括两个方面的要求：一是保证信息在传输、使用和存储等过程中不被篡改；二是保证信息处理方法正确，不因不当操作造成内容丢失。

移动商务为保证数据信息的完整、精准，在信息传输、交换、存储和处理过程中应保持非修改、非破坏和非丢失的特性，可以使用消息摘要技术和加密技术来实现，而支付信息的完整性则可由支付协议来保证实现。

三、不可否认性需求

不可否认性也叫不可抵赖性，是指移动商务活动的交易双方不能否认自己的行为和参与活动的内容。在传统方式下，人们可以通过用户在交易合同、契约或贸易单据等书面文件上的手写签名或印章来进行鉴别。在移动商务环境下，一般通过数字证书机制的时间签名和时间戳来进行验证。

电子商务中的抵赖行为主要有以下4种。

（1）发送信息者事后否认曾经发送过某条信息或内容；

（2）接收信息者事后否认曾经收到过某条信息或内容；

（3）购买者下单后不承认；

（4）商家卖出产品后不承认原有的交易等。

移动商务交易的不可否认性，无法像传统交易通过签订"白纸黑字"的合同、盖章来加以确认，但是可以采取类似的思路，通过使用数字签名来加以确认。在移动商务中通过使用数字签名，将具体用户信息与对应的操作和交易信息进行绑定，使用户必须对他们的行为负责，这样既维护了履行交易双方的权益，也为其提供了可信的证据。

四、匿名性需求

匿名性需求主要是为保护交易双方的安全，尤其是保护用户信息，避免信息泄露造成用户被攻击，对用户信息进行合理的隐匿，主要体现在以下3个方面。

（1）用户身份的隐藏：用户的永久身份不能在无线接入链路上被窃听到；

（2）用户位置的隐藏：当用户到达某个位置或某个区域时，不能通过对无线接入网窃听到；

（3）用户的不可跟踪性：攻击者不能通过在无线接入网上窃听，推断出是不是对某个用户提供了不同的服务。

五、可靠性需求

移动商务的可靠性需求是指在商务活动中，为保障交易双方的权益，应保证计算机、网络硬件和软件工作的可靠性，尽量排除网络故障、操作错误、应用程序错误和病毒等威胁因素对移动商务的影响，从而打造一个安全、可靠的交易环境，保证商务活动的可靠性。

六、认证性需求

认证性需求是指在独立、公正、客观的原则上，采用科学合理的方法，经过权威机构的认证，保证在移动商务中的个人或电子商务经营主体的真实性和有效性。在移动商务环境中，一般通过认证机构（Certificate Authority，CA）来进行认证。

除以上主要的安全要求之外，移动商务安全的需求还包括以下内容。

（1）有效性。

有效性指交易信息、数据在约定的交易期限内是有效的。交易信息的有效性是整个交易进行的重要基础。在传统的商业贸易中，贸易双方通过各种合同条文及纸质单据来保证交易的有效性，在整个交易过程中，有效性为保密性提供了基本条件。在移动商务交易的过程中，虽然没有纸质单据对有效性进行长效证明，但如果规范电子条文和电子数据的使用，就可以在一定程度上保证移动交易的有效性。

（2）可用性。

可用性是指当用户需要使用硬件、软件、数据等方面的资源时，移动商务环境中提供的服务是可用的。可用性一般用系统正常使用时间和整个工作时间之比来度量。影响资源可用性的事件主要包括由硬件故障、软件缺陷、网络病毒及拒绝服务等恶意行为引起的运行中断事件。

任务评价

单位：分

类别	序号	考核内容及要求	分值	学生自评分数	教师评价分数
任务内容	1	保密性需求	10		
	2	完整性需求	10		
	3	不可否认性需求	10		
	4	匿名性需求	10		
	5	可靠性需求	10		
	6	认证性需求	10		
学习态度	1	课前自主预习	10		
	2	团队协作	10		
	3	积极完成任务	20		

任务二　移动商务的安全技术

任务描述

移动商务面临的安全威胁多元化，需要构建完善的安全体系，应用更有效的安全技术。通过本任务的学习，有助于我们树立安全意识，更好地理解安全技术在移动商务中的应用。

任务实施

移动商务的安全问题是值得关注的热点问题。辨别移动商务面临的安全威胁，既要从技术要求实现信息加密、数据过滤、用户授权和无线PKI技术等，也要完善相应的法律条例，还应尽量减少中病毒的概率，若发现安全隐患，应当及时处理，时刻保持安全意识，以促进移动商务的发展，让越来越多的人能够放心地享受方便、快捷、省时的生活方式。

一、移动商务面临的安全威胁

（一）无线网络面临的安全威胁

无线网络是开展移动商务的必要技术，由于无线网络的开放性、移动性，造成移动商务面临多种安全威胁，主要集中在以下5个方面。

1. 无线窃听

在无线通信过程中，所有通信内容，如通话信息、身份信息和数据信息等，都是通过无线信道传送的。任何拥有一定频率接收设备的人均可以获取无线信道上传输的内容，这样一来就出现了无线窃听。无线窃听可以造成通信信息和数据的泄露，而移动用户身份和位置信息的泄露可以造成移动用户被无线追踪。这对于移动商务的商家和用户的信息安全、个人安全和个人隐私都构成了潜在的威胁。

2. 漫游安全

在无线网络中，当用户漫游到攻击者所在的一定区域内时，在终端用户不知情的情况下，信息可能被攻击者窃取和篡改，服务也可能被拒绝。中途交易完成后，如果缺少重新认证机制，仅通过刷新使连接重新建立，则会给移动商务带来风险。没有再认证机制的交易和连接的重新建立是危险的，连接一旦建立，使用安全套接层（Secure Sockets Layer，SSL）协议和无线传输层安全（Wireless Transport Layer Security，WTLS）协议的多数站点，不再进行重新认证和重新检查证书，因此，攻击者就能利用漏洞进行破坏行为。

3. 假冒攻击

假冒攻击是指由于无线通信信道的开放性，当攻击者掌握了网络信息数据规律或解密了商务信息以后，可以假冒合法用户或发送假冒信息来欺骗其他用户的行为。在无线通信中，移动通信站需要用户的身份信息，以认证其是否为合法用户。攻击者容易截获用户包括身份信息在内的所有通信数据，从而假冒该合法用户发送错误信息。另外，攻击者可以通过冒充网络信息控制中心，如在移动商务中假冒网络基站以欺骗用户，获取用户身份信息。

4. 完整性侵害

完整性侵害是指网络攻击者截取移动商务信息后，私自修改、删除、插入替换信息，冒充合法用户重新上传信息或数据的过程。完整性侵害可以通过信息的修改阻止用户贸易双方建立连接，或者欺骗接收者相信收到的被修改信息是由原发送者传出的初始信息，还可以通过阻止发送合法用户的身份信息、控制信息或业务数据，从而使合法用户无法享受正常的网络服务。

5. 业务抵赖

业务抵赖是指业务发生后否认业务发生，以逃避付费或逃避责任，这在移动商务中很常见。在移动商务中，这种威胁包括两个方面：一方面是交易双方中的买家收货后否认交易，企图逃避付费；另一方面是卖家收款后否认交易，企图逃避发货或提供服务。

（二）移动终端设备面临的安全威胁

移动终端设备面临的安全威胁包括移动终端设备的物理安全、移动终端设备的硬件攻击、移动终端设备的软件攻击和拒绝服务等多个方面。

1. 移动终端设备的物理安全

移动终端设备，如手机、平板电脑在携带过程中可能会因为人为或自然因素致使移动终端设备丢失或损坏。

2. 移动终端设备的硬件攻击

移动终端设备的硬件攻击主要有两种方式：第一种方式是攻击者在目标终端内安装专

门的窃听装置，不仅能窃听用户的通话内容，还能通过远程控制，使处于待机状态的移动终端设备自动切换为通话状态，从而窃听周围环境的内容；第二种方式是利用移动终端设备不间断与无线通信网络保持信息交换的特性，通过相应的技术手段，达到对目标终端进行识别、监视、跟踪和定位的目的。

3. 移动终端设备的软件攻击

移动终端设备软件攻击主要是指手机病毒造成的安全威胁。对移动终端设备而言，手机病毒带来的危害非常大。由于移动终端设备为了方便用户自行安装程序，采用的是开放式系统，因此给攻击者可乘之机。连接未知的无线网络、点击未知的网络链接、查看垃圾短信和安装来源不明的App都容易导致移动终端设备感染攻击者植入的手机病毒，而一旦感染病毒就会破坏手机系统，致使网络运行瘫痪、手机耗能大增，从而出现手机死机、无法正常使用、交易中断或失败的情况，甚至因个人信息被窃取而造成用户资金损失等严重后果。

（三）移动支付面临的安全威胁

移动支付是移动商务活动交易过程中的重要环节，一旦移动支付环节出现安全问题，不仅影响移动商务活动的正常开展，还容易造成用户和商家的资金损失。总体来说，移动支付面临的安全威胁如下。

（1）信息泄露的威胁。移动支付的信息泄露风险，一是由于智能手机、平板电脑的操作系统及其安装的App存在各种安全漏洞，攻击者就通过这些漏洞利用手机病毒和恶意程序窃取用户信息；二是由于无线网络的开放性，商家和用户在公用网络传送的交易信息易被他人窃取、滥用和非法篡改。在移动商务活动中，攻击者一般通过劫持用户的网络，盗取用户的身份信息、账户信息来进行欺诈行为，或者通过仿冒银行网站、移动支付App来引导用户提供个人信息等。

（2）简易支付功能安全威胁。许多移动支付工具为了优化用户体验、节省时间，推出了快捷支付功能，简化了授权过程，比如免密码小额支付、短信验证支付等。简易支付功能方便了商家和用户的交易，但是如果手机遗失，他人也能够通过该手机进行小额支付或小额转账，这就给用户资金安全带来威胁。另外，用户和商家使用的收款码一般是静态二维码，如果静态二维码被人故意替换，将带来账户泄露和资金损失等风险。

（3）用户防范意识不足造成的威胁。许多用户在使用智能手机、平板电脑时的安全防范意识相对薄弱。如不注意保护个人隐私资料；在注册支付账户时，轻易授权企业对个人信息收集；下载非官方的正规软件；在不同的支付工具中设置相同的账号和密码，且密码设置过于简单；选择自动保存账号和密码方便登录平台等。这些行为使不法分子有了可乘之机，降低了其窃取个人信息的难度。另外，用户在公共场所通过扫码接入免费 Wi-Fi（见图 7-2），一旦 Wi-Fi 接入点被植入病毒，就可能带来信息泄露的风险。

图 7-2　Wi-Fi

（四）移动商务平台运营管理漏洞造成的安全威胁

移动商务平台是买卖双方实现交易的必备条件，如果该平台存在运营管理漏洞，就会对移动商务的开展造成较大的安全威胁。移动商务平台运营管理漏洞，造成的安全威胁主要体现在两个方面：一是技术原因导致平台容易受到人为攻击，造成平台运营管理的相关内容遭到篡改，移动商务的某些业务无法开展或错误开展；二是平台工作人员的疏忽或管理不善致使平台和用户的信息被泄露，从而带来不利后果。因此，移动商务平台需要规范管理，完善技术更新，提高人员素质，防范漏洞的产生，保证交易的顺利完成。

二、移动商务的安全技术

（一）无线公开密钥技术

无线公开密钥体系（Wireless Public Key Infrastructure，WPKI）是将移动商务中公开密钥体系的安全机制改进后引入无线网络环境中的一套遵循既定标准的密钥及证书管理平台体系，用它来管理在移动网络环境中使用的公开密钥和数字证书，有效建立安全和可靠的无线网络环境。

1. 公钥密码学

公钥密码学也被称为非对称密码学，基本的意思就是在加密和解密的时候使用不同的密钥，也就是 key，其中一个是公钥，是可以公开出去的，另外一个是私钥，要严格保密。

公钥密码学的应用不局限于加密。公钥密码学要实现的功能有两个：一个是保密，发

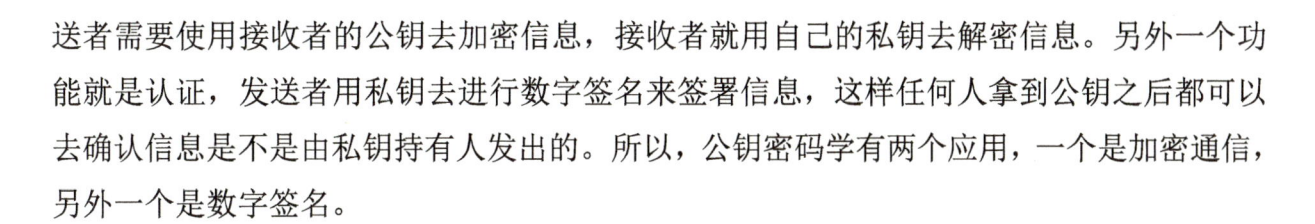

送者需要使用接收者的公钥去加密信息，接收者就用自己的私钥去解密信息。另外一个功能就是认证，发送者用私钥去进行数字签名来签署信息，这样任何人拿到公钥之后都可以去确认信息是不是由私钥持有人发出的。所以，公钥密码学有两个应用，一个是加密通信，另外一个是数字签名。

2. 公开密钥系统的组成

WPKI 并不是一个全新的 PKI（Public Key Infrastructure）标准，它是传统的 PKI 技术应用于无线环境的优化扩展。它采用了优化的 ECC 椭圆曲线加密和压缩的 X.S09 数字证书。它同样采用证书管理公钥，通过第三方的可信任机构——认证中心（CA）验证用户的身份，从而实现信息的安全传输。

基本的 WPKI 组件包括端实体应用（EE）、注册中心（RA）、认证中心（CA）和 PKI 目录。在 WPKI 中，端实体应用（EE）和注册中心（RA）的实现与传统 PKI 不同，且需一个全新的组件——PKI 门户。

3. 数字签名

数字签名是基于公钥加密技术来实现的，又被称为公钥数字签名。它可以帮助数据单元的接收者判断数据的来源，保证数据的完整性并防止数据被篡改。

数字签名一般采用双重加密技术，即采用消息摘要和 RSA 加密算法来保证信息的安全，工作过程如下。

（1）报文发送者采用哈希（Hash）编码加密并产生一个 128 位的数字摘要；

（2）发送者用自己的私钥对报文摘要进行加密，形成发送者的数字签名；

（3）将数字签名作为报文的附件和报文同时传输给接收者；

（4）接收者使用发送者的公钥对摘要进行解密，同时从接收到的原始报文中使用同样的哈希编码加密得到一个报文摘要；

（5）将解密后的摘要和接收者重新加密产生的摘要进行对比，若两者相同，则确定消息在传送过程中没有被破坏或篡改。

（二）设置防火墙和安全规则

人们在使用手机或平板电脑时，设置防火墙会多一重安全保障。防火墙是保护本地系统或网络，抵制网络攻击的最常用的网络安全技术。防火墙是设置在被保护网络和外部网络之间的一道屏障，以防止不可预测、潜在破坏性行为的发生。防火墙具备防止外部攻击、防止内部信息外泄、对网络存取和访问进行监控审计等功能，用户可根据自身需要进行安全设置。

（三）虚拟专用网络技术

虚拟专用网络（Virtual Private Network，VPN）技术指的是在公用网络上建立专用网络的技术。因为整个 VPN 网络的任意两个节点之间的连接并没有传统专网所需的端到端的物理链路，而是架构在公用网络服务商所提供的网络平台，如 Internet、ATM、Frame Relay 等之上的逻辑网络，用户数据在逻辑链路中传输，被称为虚拟网，它涵盖了跨共享网络或公共网络的封装、加密和身份验证链接的专用网络的扩展。

与传统的公网相比，VPN 具有的优势如下。

（1）安全：在远端用户、合作伙伴、供应商、驻外机构与公司总部之间建立可靠的连接，保证数据传输的安全性。这对于实现电子商务或金融网络与通信网络的融合特别重要。

（2）成本低：利用公共网络进行信息通信，企业投资小、花费少，可以用更低的成本连接移动商务各方。

（3）与移动商务高度契合：支持 VPN 用户在任何时间、任何地点的移动接入，能够满足不断增长的移动商务需求。通过身份认证、数据加密、数据验证可以有效地保证 VPN 网络和数据的安全性。

（四）生物特征识别技术

生物特征识别技术是指利用人体生物特征进行身份认证的一种技术。生物特征识别技术可以通过计算机与光学、声学、生物传感器和生物统计学原理等高科技手段密切结合，利用人体固有的生理特性（指纹、虹膜、面相、DNA 等）和行为特征（步态、动作习惯等）来进行个人身份的鉴定。

生物特征识别技术主要包括：计算机视觉、图像处理与模式识别、计算机听觉、语音处理、多传感器技术、虚拟现实、计算机图形学、可视化技术、计算机辅助设计、智能机器人感知系统等其他相关的研究。生物识别的生物特征有指纹、面相、虹膜、视网膜、耳郭等，行为特征有字迹、声音、按键力度等。

生物识别技术中的两个最基本任务是识别任务和验证任务，验证任务所进行的是 1∶1 的比对，而识别任务则进行的是 1∶N 的比对。识别任务类似于检索任务，但与检索任务不同，生物识别往往要求精确匹配而不是模糊匹配。从难度上来讲，识别任务具有更大的挑战性，两种任务尽管具有相近的漏检率，但识别任务的错检率是验证任务的 N 倍。

随着科技的发展、技术的进步，移动商务中也越来越多地应用到生物特征识别技术，比如指纹识别技术、人脸识别技术等。

（1）指纹识别技术：指纹识别主要根据人体指纹的纹路、细节特征等信息对操作者进行身份鉴定。随着现代电子集成制造技术和快速而可靠的算法研究，指纹识别技术现在已

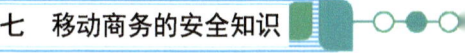

经应用在大部分的移动商务活动中，它方便了商家和用户的交易。指纹识别成为移动商务中一种应用较广泛、成本较低的生物特征识别技术。

由于每个人的指纹在图案、断点和交叉点上各不相同，呈现唯一性且终生不变，具有易采集、难伪造、可开发等特点，使指纹识别成为生物特征识别的重要技术之一。

在传统的指纹识别流程中，分为注册和验证两个阶段。首先是注册阶段，用户先通过传感器（按压、滚动、滑动）输入原始指纹，再经过特征工程提取原始指纹的特征，最后将特征存入数据库。在验证阶段通过传感器来捕获需要验证的指纹，在数据库中检索信息的同时进行指纹特征的比对，通过相似度的计算和阈值的设定来得出比对结果。

指纹识别是一种接触性的识别技术，由于每次用手按的位置不完全一样，着力点不同会带来不同程度的变化，可能会出现模糊指纹，因此，正确提取特征和实现正确匹配，是指纹识别技术的关键。

（2）人脸识别技术：人脸识别技术（见图7-3）是生物识别技术的核心分支，也被称为人体识别。人脸识别技术是一种基于人脸特征信息的生物识别技术。与指纹识别相比，其安全性得到了极大的提高。它是世界上主流的识别技术之一，并且发展迅速。

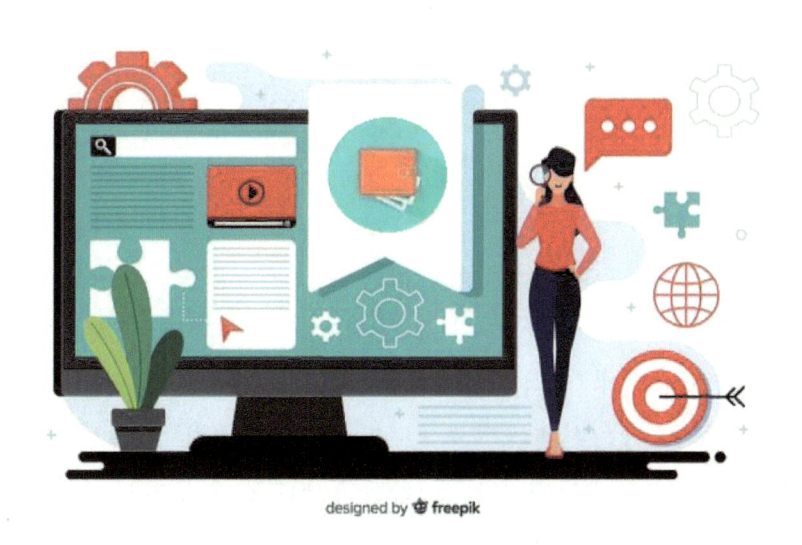

图7-3 人脸识别技术

随着人工智能、大数据、物联网、云计算、5G等尖端技术的发展，人脸识别技术逐渐应用到移动商务活动中，由此带来操作的方便、快捷、高效，得到商家与用户的认可，并走向多元化发展之路。

人脸识别技术的操作简单，人脸识别设备无须和用户直接接触就能获取人脸图像，实现身份确认和信息核对。但由于人脸识别的准确率会受到环境的光线、识别对象的相貌变化、识别距离的远近等因素的影响，也会出现识别失败或识别错误的发生。

生物识别技术给移动商务带来了便利，但是生物识别技术的隐私问题也日益凸显，同时与密码相比，生物识别技术也存在不足。生物识别技术的隐私问题不仅包括数据库泄露所带来的安全隐患，还会面临多种外部攻击，如模仿攻击、设备替换、重放攻击、暴力破解等。

任务评价

单位：分

类别	序号	考核内容及要求	分值	学生自评分数	教师评价分数
任务内容	1	无线网络面临的安全威胁	10		
	2	移动终端设备面临的安全威胁	10		
	3	移动支付面临的安全威胁	10		
	4	无线公开密钥技术	10		
	5	虚拟专用网络技术	10		
	6	生物特征识别技术	10		
学习态度	1	课前自主预习	10		
	2	团队协作	10		
	3	积极完成任务	20		

学以致用

一、单项选择题

1. 在移动商务的安全需求中，首先考虑的是（　　）。

    A. 保密性需求　　B. 完整性需求　　C. 匿名性需求　　D. 可靠性需求

2. 在移动商务环境下，通过数字证书机制的时间签名来验证购买者下单，可以满足移动商务安全的（　　）。

    A. 保密性需求　　B. 完整性需求　　C. 匿名性需求　　D. 不可抵赖性需求

3. 在独立、公正和客观的原则上，采用科学合理的方法，经过权威机构的认证，保证个人或电子商务经营主体的真实性和有效性，这是移动商务安全的（　　）。

    A. 保密性需求　　B. 完整性需求　　C. 认证性需求　　D. 不可否认性需求

4. 在公共场合使用智能手机，不要随意接入免费Wi-Fi，尤其是在进行线上交易时，一般要选择安全的网络接口，这是移动商务安全的（　　）。

    A. 保密性需求　　B. 完整性需求　　C. 认证性需求　　D. 不可否认性需求

5. 在移动商务交易中，交易数据在传输或存储过程中不会被恶意删除、篡改、伪造，这是移动商务安全的（　　）。

　　A. 保密性需求　　B. 完整性需求　　C. 认证性需求　　D. 不可否认性需求

6. 下列选项中，（　　）不属于无线网络面临的安全威胁。

　　A. 无线窃听　　B. 假冒攻击　　C. 手机病毒　　D. 漫游安全

7. 下列做法中，可以提高移动商务安全性的是（　　）。

　　A. 使用"屏幕共享"进行输入密码、解锁等操作

　　B. 收到自称客服人员打来的"货品质量问题"电话，未与官方客服核实，就打开链接进行操作申请理赔

　　C. 在公共场合随意使用免费 Wi-Fi

　　D. 不扫描或点击来路不明的二维码或链接

8. 在移动商务中，卖家收到货款后迟迟不发货，可能会导致的安全威胁是（　　）。

　　A. 无线窃听　　B. 漫游安全　　C. 业务抵赖　　D. 假冒攻击

9. 下列关于移动商务面临的安全威胁的说法错误的是（　　）。

　　A. 某用户通过使用手机购物 App 下单后迟迟不付款，就是业务抵赖

　　B. 网上多次出现"刷单+App 做任务赚取高额佣金"的广告，很多人上当受骗，这是移动商务中无线网络面临的安全威胁

　　C. 人们在移动商务中进行支付时，常使用支付宝和微信支付，一般选择的付款码为动态二维码，它比静态二维码具有更高的安全性

　　D. 小田选择自动保存账号和密码方便登录平台，存在个人信息被盗的隐患，这是用户防范意识不足造成的安全威胁

10. （　　）是移动商务中一种应用较广泛、成本较低廉的生物特征识别技术。

　　A. 人脸识别　　B. 指纹识别　　C. 虹膜识别　　D. 语音识别

二、简答题

1. 简述移动商务的安全需求。
2. 移动商务的匿名性需求包括哪几个方面？
3. 移动商务在无线网络方面的安全威胁有哪些？
4. 移动商务的安全技术包括哪些？
5. 移动商务在移动支付方面的安全威胁有哪些？
6. 人脸识别技术具有哪些特点？

三、案例分析题

老赵从郑州一家国企仓管人员转行成为一名POS机代理商。从2010年到2018年，老赵穿梭在郑州的大街小巷，推销POS机。2016年，郑州街头出现了二维码支付后，很多人开始接受手机支付了，用POS机刷卡的商家越来越少，老赵的收入越来越低。于是，老赵到杭州了解了手机支付行业，并和一家公司签约，成为一名聚合支付服务商，但老赵并没有放弃推销POS机，因为他知道总有商家还是需要POS机的。

2016年到2018年期间，老赵走访老客户，把能换掉的POS机都换成了二维码。通过转型，老赵用二维码留住了老客户，这也给老赵打开了开拓市场的思路。2018年年底，刷脸支付来了，到了2019年上半年，刷脸支付彻底火了。很多人对刷脸支付保持观望态度，对刷脸支付前景不敢贸然确定。老赵觉得，刷脸比扫码更有优势，一来，大家不用带手机就能消费了；二来，刷脸支付资金更安全，用户体验更好。

老赵感受到支付宝和微信都在大力推广刷脸支付，于是再次来到杭州考察，找到一家刷脸支付公司，签订了合作协议，把刷脸支付设备带到了郑州。一个月下来，老赵就卖出去了20多台刷脸支付设备。虽然有些商家给老赵反映说，引导顾客使用刷脸支付时遭到了拒绝，但是，很多顾客还是会抱着尝鲜的态度来使用刷脸支付的。老赵说："现在顾客使用扫码支付习惯了，对于刷脸还是有点儿抵触的，不过，刷脸一定会普及起来的，到时候大家买东西就不用掏出手机了。"

请回答：

1. 结合案例，谈一下移动商务支付会面临哪些安全威胁。
2. 如何更好地推广刷脸支付，促进移动商务的安全发展？

知识拓展

2019年4月，郭某支付1360元购买杭州野生动物世界有限公司（以下简称"野生动物世界"）"畅游365天"双人年卡，确定采用指纹识别入园的方式。郭某与其妻子留存了姓名、身份证号码、电话号码等，并录入指纹、拍照。2019年7月、10月，野生动物世界两次向郭某发送短信，通知年卡入园识别系统更换事宜，要求激活人脸识别系统，否则将无法正常入园。郭某认为人脸信息属于高度敏感的个人隐私，不同意接受人脸识别，要求园方退卡。双方因协商未果，2019年10月28日，郭某向杭州市富阳区人民法院提起诉讼。这就是"人脸识别第一案"的由来。

2020年10月，一审法院判令野生动物世界赔偿郭某合同利益损失及交通费；删除郭某办理年卡时提交的包括照片在内的面部特征信息，以及指纹识别信息；驳回郭某要求确认店堂告示、短信通知中相关内容无效等其他诉讼请求。

2021年4月9日下午，全国"人脸识别第一案"在杭州市中级人民法院二审判决。二审判决维持一审判决第一项、第二项，即判决野生动物世界赔偿郭某合同利益损失及交通费共计1038元，判决生效十日内履行；同时判决野生动物世界删除郭某办理年卡时提交的包括照片在内的面部特征信息，以及指纹识别信息。

由于"人脸识别"新技术的快速推广和广泛使用，很多人对身边的侵犯公民个人信息行为往往习焉不察，甚至习以为常。同时，不少企业和部门，也以追求效率为第一目标，有意或无意侵犯公民个人信息。个人信息的法律保护，很多时候也只是停留在纸面上。"人脸识别第一案"的判决告诉我们，可以勇敢地向人脸识别说"不"。值得一提的是，本案的原告郭某曾在听证会上提出小区门禁不得强制用生物信息识别的建议，被有关方面采纳。杭州市因此也成为在物业管理条例中全国首个明确禁止物业公司强制进行"人脸识别"的城市。从这个意义上来说，郭某开启的"人脸识别第一案"，寻求的不仅是个体权益的私力救济，还是对所有公民个人信息保护的积极提醒。

在2021年1月1日正式开始施行的《中华人民共和国民法典》中就对相关问题做出了规定。

《中华人民共和国民法典》第一千零三十五条：处理个人信息的，应当遵循合法、正当、必要原则，不得过度处理，并符合下列条件：

（一）征得该自然人或者其监护人同意，但是法律、行政法规另有规定的除外；

（二）公开处理信息的规则；

（三）明示处理信息的目的、方式和范围；

（四）不违反法律、行政法规的规定和双方的约定。

个人信息的处理包括个人信息的收集、存储、使用、加工、传输、提供、公开等。

2021年11月1日开始施行的《中华人民共和国个人信息保护法》将人脸信息列入敏感个人信息的范畴，需要取得个人的单独同意方可对其进行处理。《中华人民共和国个人信息保护法》第二十八条规定：敏感个人信息是一旦泄露或者非法使用，容易导致自然人的人格尊严受到侵害或者人身、财产安全受到危害的个人信息，包括生物识别、宗教信仰、特定身份、医疗健康、金融账户、行踪轨迹等信息，以及不满十四周岁未成年人的个人信息。只有在具有特定的目的和充分的必要性，并采取严格保护措施的情形下，个人信息处理者方可处理敏感个人信息。